第一四〇辑

OLDPHOTOS
老照片

主编 冯克力

山东画报出版社

图书在版编目（CIP）数据

老照片.第140辑/冯克力主编.--济南：山东画报出版社，2021.12
ISBN 978-7-5474-3861-9

Ⅰ.①老… Ⅱ.①冯… Ⅲ.①世界史—史料 ②中国历史—现代史—史料 Ⅳ.①K106 ②K260.6

中国版本图书馆CIP数据核字（2022）第011428号

老照片.第140辑
冯克力主编

责任编辑	赵祥斌
特邀编辑	张 杰　丁 东　邵 建
装帧设计	王 芳
特邀审校	王者玉　赵健杰

出 版 人	李文波
主管单位	山东出版传媒股份有限公司
出版发行	山东画报出版社
	社　　址　济南市市中区英雄山路189号B座　邮编 250002
	电　　话　总编室（0531）82098472
	市场部（0531）82098479　82098476（传真）
	网　　址　http://www.hbcbs.com.cn
	电子信箱　hbcb@sdpress.com.cn
印　　刷	山东临沂新华印刷物流集团有限责任公司
规　　格	140毫米×203毫米　1/32
	6印张　116幅照片　120千字
版　　次	2021年12月第1版
印　　次	2021年12月第1次印刷
书　　号	ISBN 978-7-5474-3861-9
定　　价	25.00元

本社对全部图片及文字享有专有出版权，任何单位和个人使用本书作品，须经本社同意。
如有印装质量问题，请与出版社总编室联系更换。

目 录

林冠珍	莫理循与"至好"黄中慧	1
王　栋	一个德国家庭的青岛往事	24
冬　冬	父亲与他的弟兄们	42
吴玉仑	"道阻且长"	
	——我的高考之路	56
韩　震	女劳动英雄胡让牛	67
雍　坚	王建浩与他拍摄的济南	74
王　平	湘南风情今何在	88
梁　军	回忆父亲梁显东	96
吴小晴	我的母亲李敬仪	110
刘书庆	中宵不寐忆平生	
	——母亲殁后周年记	125
李　硕	汶上路1号	134

| 杨廷华 | 尚登云的传奇人生 | 142 |
| 杨机臣 | 玉振姐 | 152 |

晏　欢	中缅印战地的餐饭	162
梁忠军	侠女颜雅清	
	——与李霞卿一同在美飞行募捐的女士	175
韦季刚	1899年：费城展览会上的中国人	180

| 冯克力 | 流光逝影的震撼 | 187 |

封　面　民国时期的家庭合影（吴小晴）
封　二　黄中慧赠与莫理循的肖像照（林冠珍）
封　三　给机场送饭的老乡（晏欢）

莫理循与"至好"黄中慧

林冠珍

穿过一片枫杨林,美丽如画的安徽歙县西溪南村出现在眼前。村里有一座正在修缮、尚未开放的古民居,精致的砖雕门楣上刻有"宝善堂"字样;两只倒立的石狮子,雄踞在大门两侧,尽职地拱卫着大宅院;楼门外墙呈八字形张开。导游说,古时官宦人家的府第才有这样的形制,就是俗话说的"衙门八字开"。

在楼的外墙上,有一个说明牌:

宝善堂

始建于明朝末年,为清状元黄思永的祖宅。黄思永,光绪六年(1880)状元,他建议国家发行证券,将民间闲散资金回归国库以增强国力,但未被采用,故弃官经商,成为整个北方商业的领袖人物。他心系百姓,捐资赠银,建桥铺路,施粥济民,受恩师翁同龢举荐,再次入朝为仕,担任"中国工艺商局"局长,并发行了中国历史上第一支股票——招信股票。毛主席曾亲切地称赞他是中国商业第一状元,他也是中国历史上第一个弃官经商的官员。此宅就是在他高中状元之后,在祖宅原有基础上进行扩建而来。

图1 黄中慧（约1872—?）赠与周自齐的肖像，摄于1905年。据徐家宁先生考证，这张照片拍摄于青岛容彰照相馆。这家照相馆至少在1900年以前就营业了，留下不少老照片。

黄思永？想起来了，2006年，我曾在天涯论坛的"近代风云"栏目里以"惊见黄思永长子黄中慧的照片"为题发的一则短讯："最近福建教育出版社出版的《莫理循眼里的近代中国》大型图片集中收有一张黄中慧的照片，非常清晰，请有心人转告其后人。"2005年底这本书出版后，笔者对莫理循收藏的人物照片充满好奇，总想更多地了解照片主人公的生平事迹。黄中慧是其中之一。查阅了有关民国辞典，都没有查到此人，在网上寻觅，可看到不少有关黄思永的介绍，顺带提及他儿子黄中慧："他努力学习，善于接受新思维和新事物，而且教育其子黄中慧学英文、学西方科学技术，并送黄中慧赴美国深造，黄中慧后成为他兴办实业的得力助手。"其他皆语焉不详。莫理循收藏的黄中慧照片，看上去像是一位俊朗的戏曲小生（图1），而所附信函的书法也颇有可观之处（图2）。于心不甘，想，如果能找到黄中慧的后人，就可以了解到黄中慧的更多信息吧，于是在互联网上发了上面这条消息。

十几年过去了，会不会有黄中慧新的信息呢？有没有人注意到我发的这条消息呢？果然有些吉光片羽。有学者感叹，黄氏父子"堪称北方地区颇具代表性且富有影响力的绅商。然而既有研究对黄思永关注较少，其子黄中慧更湮没无闻。……关于黄氏父子生平的记述，散见于清末民初各野史笔记、杂著中"。神龙仍然现首不现尾。在有关国民党元老张静江描述中得知：1901年，时年二十四岁的张静江在北京，与年长他五岁的黄中

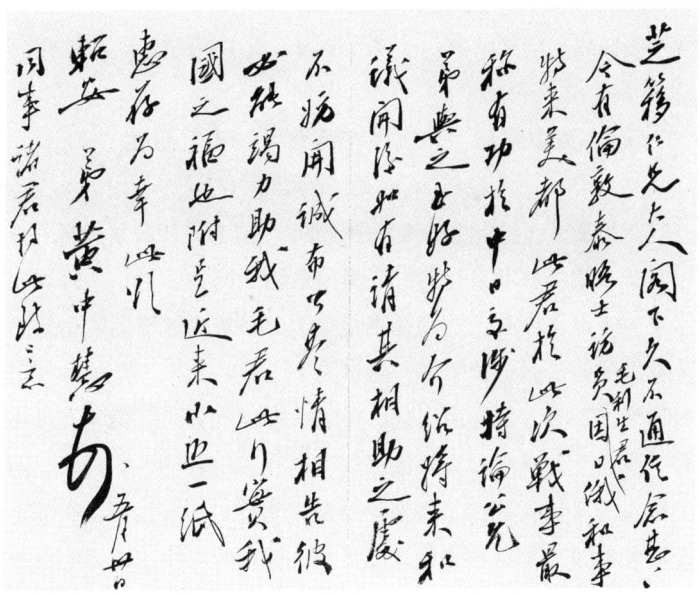

图2 光绪三十一年五月卅日（1905年7月2日），黄中慧写信给中国驻美参赞周自齐，引荐莫理循。

图3 赵尔巽（1844—1927），辽宁铁岭人。清末民初政治家、改革家。历任安徽、陕西按察使，甘肃、新疆、山西布政使，湖南巡抚，盛京将军，四川总督，东三省总督等职。1914年任清史馆总裁，主编《清史稿》，为袁世凯所封"嵩山四友"之一。

慧一见如故，即义结金兰。以此推测，黄中慧约生于1872年。

黄中慧与"辛亥关东革命第一人"张榕

重读《莫理循眼里的近代中国》和《清末民初政情内幕——〈泰晤士报〉驻北京记者、袁世凯政治顾问乔·厄·莫理循书信集》（以下简称《莫理循书信集》），对照沈嘉蔚先生对黄中慧做的简注："黄中慧，赵尔巽（图3）幕僚，在1904年时署理度支部务，前湖南巡抚（1902—1904在任）。他与莫理循有一些通信。莫理循在日俄战争末期复黄中慧的一封信里，对中国人的反日言论作了激烈的反驳，为日本军事当局辩护。但在后来他改变了这种态度。"显然，沈嘉蔚先生也未查到黄中慧的资料，他采用的是《莫理循书信集》编者骆惠敏先生对黄中慧的注："赵尔巽的幕僚，当时署理度支部务，前湖南巡抚。"

研读有关资料后发现，这是误译，是赵尔巽署理度支部务（户部尚书），并曾任湖南巡抚，而不是黄中慧。《莫理循书信集》中，收录了黄中慧1904年11月13日从北京工业讲习会致莫理循函一封，莫理循1904年11月16日、1905年5月29日回复黄中慧函两封。沈嘉蔚先生说的"莫理循在日俄战争末期复黄中慧的一封信里，对中国人的反日议论作了激烈的反驳，为日本军事当局辩护"，指的是1905年5月29日的这封。

这封信的背景是，东北志士张榕在光绪三十一年三月二十七日（1905年5月1日）写信给黄中慧，报告日俄战争后期东北的惨状、东北官僚的腐败及日本人所犯的罪行。这封信被黄中慧长期珍藏，附有马万里、吴景濂、梁漱溟、张继、李煜瀛等十五人题跋。黄中慧临终前将此信辗转给了张榕的姐姐张桂的养子秦诚志。1989年此信被辽宁省博物馆收藏，是国家一级文物。

张榕，辽宁抚顺人。在青少年时，张榕目睹沙俄在东北的侵略暴行，立志改革社会的思想逐渐萌芽。1903年张榕赴北京，住在东单观音寺张家的至交世仁甫翰林家，到译文馆学习俄文。这期间，结识年长他十二岁的黄中慧。黄中慧精通英语、日语，曾游历日本和欧美，醉心欧美式的民主政治，反对专制皇帝，他们志趣相投，成为忘年交。1904年日俄战争爆发，张榕弃学回乡，与热血青年在兴京（今辽宁新宾）、海龙一带组织"关东独立自卫军"。1905年7月下旬，张榕又回到北京，创办秘密刊物，鼓吹革命。结识吴樾，成为生死之交。1905年9月24日，清政府派遣五大臣出洋考察宪政。吴樾、张榕在北京前门车站拟炸五大臣，吴樾当场牺牲，张榕逃跑后被捕。

张榕被捕后，世仁甫联合朝野的东北籍知名人士，共同奏请保救。黄中慧电告直隶总督，愿以全家性命做担保。黄中慧又请父亲黄思永帮助解救。黄思永和太监总管李连英交好，用重金向李连英行贿。李连英跪求慈禧太后："张榕是家里的孩子，是兴京人，年轻不懂事，请老佛爷恩典恩典吧！"得慈禧太后同意，将杀头罪改为叛逆罪"永久禁锢"。

张榕入狱不久，和典狱长王璋结成莫逆之交。1908年夏，王璋带着张榕越狱逃亡到日本。到东京后，张榕结识了孙中山，加入了同盟会。为了不忘黄中慧、世仁甫的救命之恩，张榕易名黄仁葆。

1910年秋，张榕由东京返回大连，联络革命党人掌握的关外民军，准备武装起义。未及实行，武昌起义的消息传到东北，张榕立即从大连转入奉天，与咨议局局长吴景濂商议联合革命志士，逼迫东三省总督赵尔巽反正，宣告独立，未果。1912年1月23日，张榕被赵尔巽、张作霖合谋暗杀，时年二十八岁。孙中山在南京为张榕举行了盛大追悼会，称他为"辛亥关东革命第一人"。

张榕的一生，迅如火花。1904年日俄战争爆发，他才二十岁，正是对生活充满各种幻想的年龄，却因外敌入侵，涂炭家园，他以青春和热血甘当反帝反封建的先锋。在日俄战争后期，1905年5月1日，他在给黄中慧的信中悲愤地写道：

> 弟至沈后未得一函，所寄他处之函件均为邮政送回，盖日军不准在沈华人与他处通信。机关滞碍奈何，奈何？而日人虐遇华人于斯，可见一斑。战地无公法，信然，信然！
>
> 沈垣风景大异从前，反不如俄军驻临之时，实为意料不及。日人骄气不可向迩。每日军人四处淫掠。有至军政署控告者，军政官裁判动云："亡国之民何顾廉耻。"军

政主官实为小山,小山专恃虐遇主义。奉天华官依然衮衮,无一人敢与争者。小山向人宣言"战地无公法,战地无交涉"。奉省官场夙善媚外,不亦从而言曰无公法,无交涉?哀哉,我东三省!哀哉,我中国!合东三省官场凌迟之不足以谢东三省之人也。

前奉人议开报馆,已为日军政署所阻,不讲情理。只云"不准开办"而已。

计由辽河至沈阳计九十里,沿途村落,半归一炬。一村中所幸存者仅数间破屋,炮弹或洞其壁,或摩其顶,其余都成瓦砾一片而已。……一路所见,除日工兵、日运车以外别无所有。最动目者,野犬数十争食之未收之死人死马之余骨。近沈城之停车场,火尚未熄,闻之有腥气。此中强俄,葬此不知凡几。惨矣哉!以此推之,当时之惨杀狂战实令人心悸。

……………

这封信近一千八百字,字字血泪,声声控诉。黄中慧抄录一份给时任英国《泰晤士报》驻北京记者莫理循,希望他同情中国人民的苦难,委托他将信交给日本驻华公使馆,以制止日军在中国东北的罪恶行径。莫理循将信交由巴克斯翻译成英文给他看。(图4,见封二)

巴克斯,就是著有充满着"幻想的性生活"的《太后与我》、自诩是慈禧的英国小情人的那位。莫理循不懂中文,1899年在一次总税务司赫德的家庭酒会上认识了比自己年轻十一岁、会流利汉语的巴克斯,十分高兴,遂开始了长期的合作。巴克斯不仅为莫理循提供中文方面的情报,也替他将有关中文报刊、诏书等内容译成英文。莫理循对巴克斯多有依赖。但后来莫理循发现了巴克斯有惯于欺骗的一面，对他产生了厌恶。不知巴克斯的翻译是否真实、准确地表达了张榕的意思，莫理循看后，对张榕的言论恼羞成怒，极为不满。1905年5月29日，他武断粗暴地给黄中慧回复说：

  我已经仔细地阅读了你非常好心让我看的奉天来信。这封信显然是由一个在奉天待了很短时间的人写来的，而且我相信此人非常愚昧无知、脾气也很暴躁。不论怎么讲我都信不过这封信中的话，它给人的一切感觉都是不真实的。由于日本人对往来信件进行些限制（这在军事上是绝对必要的问题），你的通讯人员把这件事说成是日本人苛待中国人的一个例子，然而这是正当要求，是所有人，中国人以及外国人都必须服从的。
  我决不相信放手让日本兵在这个城里奸淫掳掠的故事。我决不相信有人告状时，日本宪兵司令会说出"亡国之民已无羞辱之感"的话。
  日本宪兵司令禁止在奉天筹办报纸，这是非常正确的。那个地方是在日本军事占领下，他们是那里的主人。
  这是一封彻头彻尾的有害的信，在我看来，这是一个彻头彻尾的坏人写的。如果日本人发现他从奉天寄出了这样的信，而奉天目前正处于日本人的戒严令之下，他们会理所当然地把他枪毙。

莫理循不但没有同情中国人民正在遭受的战争涂炭，没有正视张榕所报告的现实，反而暴跳如雷，极力为日本人辩护。

他明确告诉黄中慧,不会按他的要求,将信转给日本驻华公使馆,解释说:"因为那样只是有害而无利。务必请你原谅我这样给你写信,因为我以为作为你的朋友,你希望我告诉你实话而不是欺骗你。"

莫理循的战争

莫理循何以如此失态?缘于他是这场战争的煽动者和鼓吹者。国际舆论界有把日俄战争称之为"莫理循的战争"的说法。

1897年3月,莫里循抵达北京,正式入职《泰晤士报》常驻北京记者。7月至11月,他奉命接受报社的第一个采访任务就是赴西伯利亚、中国东北考察俄国铁路建设情况。当外界多数人都不知道横跨西伯利亚的铁路路线走向哪里时,莫理循已敏锐地发现了俄国人的野心,这条铁路的终点是中国的旅顺口(俄称亚瑟港),俄国人想尽量把铁路往南延伸,把越来越多的中国东北地区和俄国的领土相连接。

1898年3月5日,莫理循从李鸿章的英文秘书毕格德处得到情报,俄国向中国提出十分专横的要求:俄国必须享有旅顺口和大连湾的主权。为了能让中国方面做出让步,俄国驻华临时代办巴府罗富向李鸿章和张荫桓(总理衙门大臣)各行贿五十万两银子。莫理循立即写了一则电讯,刊发在7日的《泰晤士报》,题为"列强与中国俄国的要求"。而此时,英国政府还没醒悟,当天英国外交副国务大臣寇松在议会下院答复质询时却说:"我们没有收到足以证实这些消息的情报。"

1902年,英国和日本为维护其各自在中国与朝鲜半岛的利益结成了"英日同盟",旨在反对俄国在远东扩张,都想保护他们在中国东北的贸易垄断权，阻止俄国在中国肆无忌惮地扩张势力。莫理循站在英国的立场上，尤其不愿意看到俄国在中国坐大。他说："要知道，如果俄国被击败，俄国在亚洲的势力就会大大减小，同时英国的势力就会大大加强。"他只要有机会，就鼓励日本挑战俄国，就连他《泰晤士报》的上司都觉得他太过分了，一再降低他通讯稿中鼓吹战争的调子，引起他的强烈不满。在俄国外交界中，人人都对莫理循恨之入骨。他在1903年11月3日的日记中写道："如果没有战争，我会哀叹自己在中国的工作失败了。"1904年2月8日，日俄战争爆发。这一消息对莫理循来说是个大喜讯，他兴奋得几乎连字都写不出来了。

1905年1月2日，旅顺口被日军攻陷。莫理循作为推动日俄战争的有功之臣，应邀陪同乃木希典（图5）及其参谋部官员参加入城仪式。莫理循骑上高头大马，所有人都对他"满嘴恭维个不停"。他与乃木将军及其将领一起坐在十字台桌旁，一边享用着日本清酒、美食，一边观看焰火、化装剧表演，其中一个装扮成俄国军官，傻模傻样地跳舞出丑。万岁的欢呼声响彻云霄。1905年1月25日，他在《泰晤士报》刊发了长篇通讯《旅顺城内的见闻》，详细叙述了俄军投降后旅顺口的状况，极力美化日军"把火力对准了码头、港口中停泊的舰船，极少在建筑物上浪费弹药，显示了少有的人道主义精神"。日本方面对他感恩戴德。他把俄军的投降刻画成世界上最丢脸的一次事件。当时有人说，这篇通讯改变了全欧洲对俄国的看法。在这篇通讯里，他觉得中国人并没有遭受战争的伤痛。他写道："旅顺城里平民状况良好，完全不需要外界的同情怜悯。平民在战斗中受到的伤害不值一提……留在城里的很多中国人都说自己受到了良好周到的对待。"

图5 乃木希典（1849—1912）。这张照片是日俄战争期间随军记者拍摄的。他的两个儿子都在这场战争中战死。1912年明治天皇去世后，乃木与妻子一道剖腹殉死。

可想而知，莫理循如果认可张榕报告的中国东北战后的情况，就等于自掌耳光。

在日俄战争后期，美国罗斯福总统和英国政府都不愿意看到日本毫无节制地发展霸权。罗斯福总统担心，打了胜仗后的日本"会骄傲得趾高气扬，转而反对我们"，他出面斡旋，在美国新罕布什尔州朴茨茅斯海军基地召集和谈。1905年6月23日，《泰晤士报》电令莫理循赴美参加和会。所有人都认为这项任务是莫理循的荣耀，但莫理循心里却百般不乐意，他对上

11

司说:"从我个人讲,我强烈反对在这个当口和谈,我认为总统的行动对于日本是'干涉'和妨碍。……为什么要和平?我们从和平中能得到什么好处?在我看来,俄国败得越惨,它受的灾难越大,我们的地位会变得越好。"1905年7月3日,他离开北京时,许多外交界的显赫人物到车站给他送行,其中有美国驻华公使柔克义、北京公使馆怀队司令官包沃上校、日本公使馆陆军武官青木上校等。

在莫理循"随身带了许多介绍信"中,就有一封是他出发前一天,1905年7月2日,黄中慧写给清政府驻美参赞周自齐的引荐信(参见图2):

芝簃仁兄大人阁下:

久不通信,念甚。今有伦敦泰晤士访员毛利生君因日俄和事特来美都。此君于此次战事最称有功,于中日交涉持论公允,弟与之至好,特为介绍。将来和议开后,如有请其相助之处,不妨开诚布公,尽情相告,彼必能竭力助我。毛君此行,实我国之福也。附呈近来小照一纸,惠存为幸!

此颂招安。

弟黄中慧顿首
五月卅日

同事诸君,特此致意。

"芝簃"是谁,长期是个谜。直到2016年周自齐的孙子周政先生发了一则博客:"据周氏族谱记载,祖父周自齐的表字是'巽斋',而大家熟知的'子廙'是他的号。族谱上还记载了他的早期别号'芝簃',他在同文馆学习时使用过这个别

图6 1905年8月5日，罗斯福总统和日本天皇及俄国沙皇的特使在美国朴次茅斯海军"五月花"号军舰上。左起依次为：俄国首席谈判代表谢尔盖·维特伯爵及他的助手罗申男爵、罗斯福总统、日本首席谈判代表小村寿太郎男爵和他的助手高平公使。

号。"这才真相大白。周政先生猜测：周自齐与黄中慧可能曾是京师同文馆的同学，或周自齐从京师同文馆毕业后在总理衙门工作时与黄中慧有过交往。事实上，周自齐在美国时已经停止使用"芝簃"，开始使用其他的别号了。

关于莫理循的中文名，音译有多种，信中的"毛利生"即莫理循。

黄中慧在给周自齐信中称自己与莫理循是"至好"，可见他们的关系不一般。黄中慧写这信时，距给莫理循看张榕的信不过一个多月,黄中慧无疑是希望日俄和谈,还中国东北太平。

这封信未收入《莫理循书信集》,黄中慧的"近来小照"和信也没有交给"芝簃仁兄",而保存在莫理循的图片档案里。也许莫理循压根没有去拜访周自齐,黄中慧寄希望于"中日交涉持论公允"的莫理循"必能竭力助我""毛君此行,实我国之福也"的想法太天真了,中国人的诉求完全不在莫理循的考虑之列。1905年9月4日,他持美国驻华公使柔克义的介绍信,

图7 1905年8月,美国朴次茅斯日俄和会期间合影。后排左一莫理循、左三美国记者塞缪·布雷斯,前排左四《泰晤士报》驻美国记者斯莫利、左五日本记者大西理平。

拜见了美国总统罗斯福,从交谈中他清楚地知道,是罗斯福向日本施加了很大压力,使日本放弃了战争赔偿,达成《朴次茅斯和约》,令莫理循非常失望。他希望和谈破裂,把俄国彻底打垮,和谈成功了,说明日本"彻头彻尾"地投降了。

1906年4月,莫理循从美国转道英国后回到中国,看到中国"新政"后的一些变化,及日本在道义上的失德和它对英国贸易的威胁,尤其是他到奉天考察后,实地感受到日军对东北人民的烧杀淫掠和野蛮的经济侵略,对中国、对日本的态度出现了明显的变化,转向激烈地批评日本。他的上司十分惊讶他的"180度的大转弯",鉴于英国和日本在1905年再次签订针对俄国的"英日同盟",就压制不准刊发他的新见解,令莫理循十分委屈和恼火。所以沈嘉蔚先生在黄中慧的注里说:莫理循"对中国人的反日言论作了激烈的反驳,为日本军事当局辩护。但在后来他改变了这种态度"。

"横槊登坛"黄中慧

能与莫理循成为"至好",一定不是等闲之辈。在《老照片》第一三五辑中《德国人拍摄的胶济铁路》一文中写到了黄中慧事件:1905年4月30日,身穿洋装的山东道台黄中慧陪妻子坐胶济铁路头等车回青岛省亲。列车行至高密站时,德国人奥力虚站长误把他当作日本侦探,不由分辩,强行把他赶下车,交由几位兵士看押。当同车厢的人告诉站长,黄中慧是中国监司大员的真实身份后,奥力虚才发觉自己太冒失了,赶忙请黄中慧上车。黄中慧赌气:"就留在高密,不走了!"最后不得已,胶济铁路的总负责人、胶济铁路主要设计师锡乐巴出面对黄中

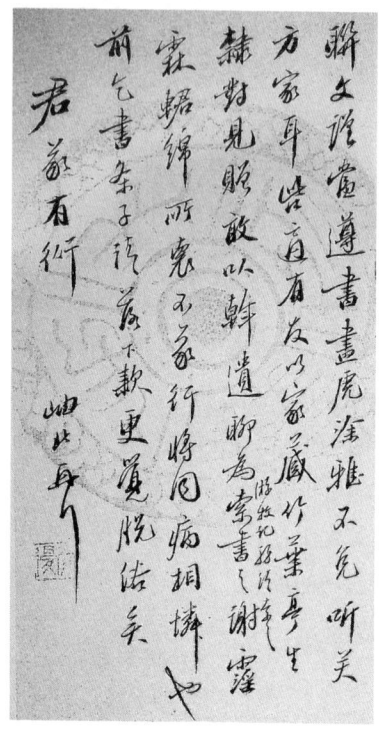

图8 《清近现代名人书法与辨伪》载黄中慧手书。

慧进行安抚,并撤了奥力虚站长职务,这事才了。在1905年5月31日出版的《申报》,以《详记黄观察被火车站长殴辱事(山东)》为题报道了此事。观察,是清代对道台的别称。道台,大致相当于现在的副省级官员。如此高官遭受洋人给予的奇耻大辱,青岛、上海还有其他城市的报纸也都争相登载了这一新闻并发表了评论。当时,全国正在掀起收回欧洲列强利权的运动,因此,这件事在社会各界反应极其强烈,也使黄中慧一时成了报纸的主角。

笔者在孔夫子旧书网上购得一册《清及近现代名人书法与

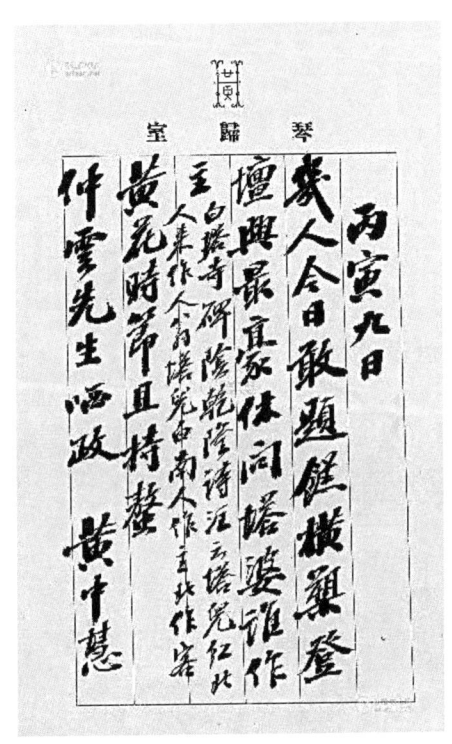

图9 黄中慧用"琴归室"专用笺写的诗。日本学者西田养稼在1918年出版的《琴归室诗钞》序中夸说:"黄君秀伯少以神童闻,诗赋文章靡不擅场,尤以经学考据著于世。"

辨伪》,内收有一帧没有上款,也不知何时黄中慧写给友人的信。(图8)编者辑有注:

> 黄中慧(清末至民国间),江苏江宁(今南京)人。字秀伯,一字岫北。黄思永长子。以道员分直隶,尝居长庚幕。后曾任职于驻日使馆及驻美国纽约使署。驻美时期,曾频繁与汪康年通信,曾上驻美伍(廷芳)公使条陈小吕宋领事用人行政机宜电稿(载《汪康年师友书札》第三集),与陈英士亦为莫逆交。1905年曾在《华北杂志》第六期发

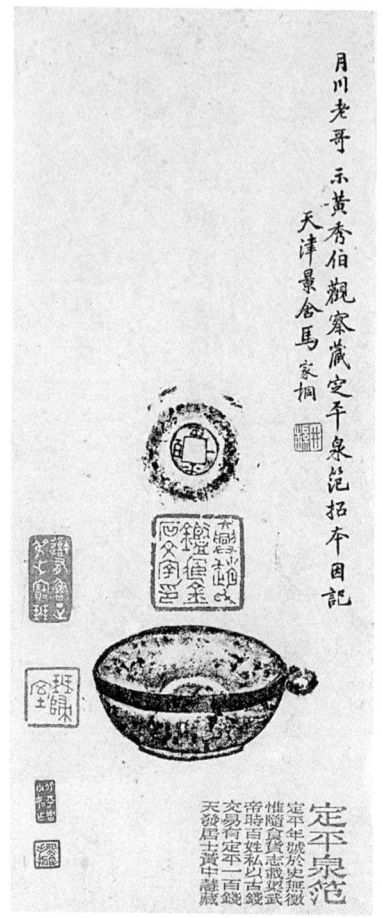

图10 黄中慧收藏"定平一百"泉范拓本。上有马家桐题跋,称"月川老哥。示黄秀伯观察藏定平泉范拓本因记"。

表《敬请中外同志预筹东三省善后策启》。著有《琴归室诗抄》不分卷,《琴归室七绝》一卷等。(图9)

1905年10月1日《申报》有《长将军保举洋务人员赴伊犁(北京)》一文:"伊犁地方现在俄人觊觎交涉颇形棘手,长留守于二十六日奏调黄秀伯观察及陆观察随往襄办洋务。闻黄秀伯久任美国领事，陆观察亦在俄国充参赞官十有余年，可谓洋务得人矣。"

1905年，黄中慧才三十三岁，已经是"道台""观察"了？黄中慧给莫理循的名片上的头衔也是Taotai（道台），可是查了《清宫藏清代官员履历档案汇编》，并没有黄中慧的名字。笔者怀疑，会不会是黄中慧的富商老爹为他捐了个"候补道台"，为了避免解释起来麻烦，省略了"候补"二字？像张静江二十一岁时，其父以银十万两捐得二品候补道衔。1906年11月20日《申报》载："新疆候补道黄中慧、江督武巡捕李炳寅、刑部主事王基磐前赴日本，来沪钟浚，由鄂至沪。"其中明确写有"候补道"。

戊戌年间，黄中慧与著名改良派报刊出版家、政论家汪康年多有通信。《汪康年师友书札》内收有黄中慧致汪康年信函12封。从信的内容可见，其虽然身处异国，却满满的家国情怀，热心国内各项维新事业。他对汪康年述说，随伍廷芳出使："慧之辞亲远游，志在学业（本欲习律例引法于伍宪，故有美洲之行），本非图名利，而家大人尤期望甚笃。临行嘱曰，须时时以君国为念，万勿为一家一身计"。其间"遍历长崎、神户、横滨、东京等区，默察其勃兴之故，又籧金山、锡加沽、华盛顿、纽约克，跨海而东拂英岛，经法都，天下显闻之国，阅过其半。"得以开眼看世界，体会各国兴衰大势。

黄中慧的父亲黄思永因喜谈洋务而被诬"通夷"被拘禁，后因八国联军入城，从狱中出逃，黄中慧亦因义和团运动爆发，从秘鲁告假回京。父子二人有感于八国联军入侵北京后，满目疮痍，流民失所，为赈济贫民，开振实业之风气，倡设北京善后工艺局。黄中慧在辛丑年五月二十九日（1901年7月14日）给庆亲王奕劻的《倡议北京善后工艺局说贴》中报告：

> 联军入京，四民失业。强壮者流为盗贼，老弱者转于沟壑。一载于兹，殊堪浩叹。洋兵未退，有所慴伏，犹且抢案叠出，几于无日无之。将来联军全撤，无业游民生计日绌，苟不早为之所，则民不聊生，人心思变，更何堪设想。今欲地方安静，必先为若辈筹其生路，然后继以峻法，使之进有所图，退有所畏。善后之策，如斯而已。兹谨拟工艺局章程若干条，防患未形，寓养于教，是否有当，伏乞。

并拟附了《北京工艺局创办章程》，共十六条，明确了开办工艺局的意义、业务范围、组织结构、资金来源、发展前景等。黄中慧的这个说帖成了晚清十年间各地掀起创办工艺局所浪潮的开端。北京工艺局开办后，由黄思永任总董（Director General），黄中慧任监督（Director），地址设在北京琉璃厂。

北京工艺局"兼采西法又辅以报馆学堂则民智易开"，还办了北方地区第一份白话句刊杂志《京话报》，黄中慧任主编。设论说、中外新闻、海外拾遗等门类。提倡白话，鼓吹变法自强。自言创办宗旨为"开民智，消隐惠。只用京中白话，将紧要时事，确实新闻，择其于国计民生有所关紧者，著为论说，演得明白晓畅……以期引人入胜，而劝化感格于无形之中"。可惜这本杂志1901年9月创刊，11月便停刊了，只出了六期。在创刊号中《论创办这〈京话报〉的缘故》，黄中慧说：

> 试问咱们中国四万万人，这里头哪一个不是咱们大清

国的百姓？既作了咱们大清的百姓，可就要知道这忠君爱国的四个字怎么讲。你们大家伙想想，咱们太后同皇上，现在到了陕西，吃也没（读作灭）有好的，穿也没有好的，为了这些百姓惹下这么大的乱子，带累他们母子二位。吃了多少的苦，呕了多少的气，还（读作孩）要替人家赔钱赔礼。你们到底知道不知道？这是谁的不是咧。我告诉你们说吧。咱们从前跟洋人打仗，打的不是一回，都可以说是洋人的不好，来欺负咱们。惟独这回子的错，却是都在这边了……

像老太太一样唠唠叨叨，可谓苦口婆心，不忘"忠君爱国"。《莫理循书信集》中收录的黄中慧1904年11月13日从"北京工业讲习会"致莫理循函，据核"北京工业讲习会"英文为Peking Industrial Institute，应译为"北京工艺局"。黄中慧给莫理循的名片上的地址亦是Director of the Peking Industrial Institute——北京琉璃厂工艺局。当时黄中慧为户部尚书赵尔巽的幕僚，代其向莫理循求教："亲爱的莫理循博士：顷奉大札，当即将台端忠告面陈赵尔巽大人。赵大人迅即决定放弃阁下未予赞同之计划。惟此间需款孔急，熟筹良策以补朝廷匮乏，实为重要。敢烦阁下设法襄助。赵大人伫候复音。黄中慧拜上。"莫理循于1904年11月16日回了一封长信，很耐心地回答了他为何"谴责采取大量发行有奖债券的办法来改进中国岁入的意见"。莫理循在信中还说："在中国，发展的机会是不可限量的。矿藏、铁路、公路、水路实际上全都没有开发。中国的货币是世界上最笨重又不便于使用的。"他们在信中讨论的都是高大上的国家财政大事。

图11 1924年在南京,黄中慧的妹妹黄中纯(前排右三)与家人合影。后排右一为其当体育老师的丈夫冯公智,毕业于国立南京高等师范学校。从照片上可以看到,家人多数身着新派洋装,气度非凡。

笔者2006年在"天涯"上发的消息,还真引起了黄思永家族人的注意,有人写了博客,笔者联系上了博主冯力先生。得知:黄思永有六儿六女。原配夫人金氏生三男三女,继室(不知姓氏)生三男三女。黄中慧为长子。黄中慧同父异母的妹妹黄中纯的外孙子冯力先生致力于收集整理黄思永的族谱,可是仅查到黄思永六个儿女的名字。黄中纯在女儿(即冯力的母亲)十三岁时就去世了。鉴于众所周知的原因,家人对家世闭口不谈,唯恐引起灾难。关于黄中慧这一支,完全失去联系,下落不明。家里的老照片也悉数销毁。仅存的一张黄中纯年轻时和家人合影的底片,也被涂上墨汁。喜爱摄影的冯力先生细心擦去墨迹,重新冲洗照片,才见到真容(图11)。笔者还试图向辽宁省博物馆了解张榕给黄中慧信的收藏经过,寻找黄中慧信息,但因单位人事更迭,时间久远,已不知情了。

2020年2月18日知乎网发布一条没有句读的黄中慧小传,"求大神帮忙断句",网友"冷眼看世界"很认真地跟帖,断句如下:

> 黄中慧,字秀伯,年四十二岁,江苏江宁县人。分省补用道,历充出使西班牙马得力随员,美国纽约华盛顿随员,考察美国各埠工商制造委员,阿蒙夏等处赴会随员,秘鲁国利马兼嘉理约正领事官,钦差庚子议约全权大臣庆亲王随员。蒙谕入府当差,辛丑约成,力辞保案。蒙王特保道员。庚子九月,独力创办《北京新闻汇报》。辛丑,独力创办《京话报》。北京工艺商局创办人,热心公益,见义勇为,精英国语言文字。

这是笔者目前看到有关黄中慧最全面的介绍了,不知出自哪本典籍。"年四十二岁",大概是1914年,仍是"补用道"还没有转正。1916年陈其美被暗杀,黄中慧送了挽联:"血肉相搏,我不如君,竟成谶语;樽俎折冲,世无知己,谁复欢迎";1927年李大钊遇害,黄中慧也送挽联:"求仁得仁,公应无憾;以暴易暴,吾谁与归"。黄中慧与这些革命先烈有何交集?仍是个谜。

黄中慧在历史的波涛中时隐时现,他的每一条履历都折射出时代的光芒。

(感谢北京社科院窦坤研究员、复旦大学马建标教授、北京大学陈冰教授、福建师范大学涂秀虹教授、福建教育出版社杨桂丽编审、黄中慧的亲属冯力先生对本文的学术支持)

一个德国家庭的青岛往事

王 栋

现年八十六岁的彼得·特罗舍尔（Peter Troschel）一直居住在北德小城奥尔登堡（Oldenburg），身体硬朗、精神矍铄的老爷子至今还能持续骑行自行车十公里。虽然只在二十多年前来过一次中国，且连最简单的中文也听不懂，但他却仍可以准确地记得中国唐代大诗人李白借乐府古题创作的《胡无人》："严风吹霜海草凋，筋干精坚胡马骄。汉家战士三十万，将军兼领霍嫖姚。流星白羽腰间插，剑花秋莲光出匣……"如果有人好奇地问他，为何对这个相隔万里的国家情有独钟，耄耋之年还能够记得中国的古诗。彼得老人总会很自豪地说，诗是小时候奶奶教的，而他的父亲出生在中国青岛。八十多年来，对中国的记忆始终印刻在彼得老人的脑海中，从未褪色……

彼得老人的奶奶是谁？又与中国、与青岛有着怎样的缘分与情愫？在德国学者裴琳（Gerlinde Pehlken）女士的协助与探访下，百多年前，彼得老人的爷爷奶奶——特罗舍尔夫妇曾在青岛生活与工作的如烟往事，又重见天日。

图1 成年后的汉斯·特罗舍尔成为一名画家,他一生大部分时间都是在阿尔巴尼亚度过的。

执着从医的伊丽泽

彼得老人的奶奶名叫伊丽泽·舒尔茨(Elise Schultz, 1869—1952),1869年6月15日出生于波美拉尼亚的科斯林(今波兰科沙林)。因为是个未婚孕育的私生女,伊丽泽的母亲在其出

图2 维甘德与同在青岛出生的妹妹格尔达。摄于1952年。

生后不久,就把她丢给了外祖父去了柏林。后来,伊丽泽在回忆录中将自己的童年描述为"悲伤的青春"。自少年时代起,伊丽泽就希望成为一名救死扶伤的医生,而这一理想也伴随其终生。年少时期的伊丽泽天生聪慧,而且勤奋好学,年仅十五岁时就通过了王家师范学院的考试。她曾回忆:"我没有征求任何人的意见,就制订了一个明确而具体的计划。由于没有专为女童准备的文法学校或其他机构,我只能在为期三年的培训中扩展我的知识。"多年之后,她告诉儿子维甘德(Wigand Troschel,1904—1975),也就是彼得老人的父亲。从教师研修班毕业后,她虽然做过几年的老师和家教,但从未放弃成为一名医生的愿望。

当伊丽泽得知德国著名女权主义活动家海琳·朗格(Helene Lange,1848—1930)为准备获取学士学位的人群而开设了实际课程时,她立即与海琳取得了联系。伊丽泽在回忆录中写道:"当我得知海琳为准备毕业(的人群)而开设了很长的实际课程时,我写信给她,征求她的意见。她给了我一张免费的课程门票,我高兴地去了柏林,迈出了一大步,离我的目标更近了。"尽管伊丽泽各科成绩都不错,但数学却一直是个短板。在寻找一位合适的数学私教时,伊丽泽认识了她后来的丈夫、水利工程师恩斯特·特罗舍尔(Ernst Troschel,1868—1915)。

1893年4月,为攻读学位,伊丽泽前往苏黎世,凭借老师的推荐她被允许旁听。一个学期后,她通过了考试。在苏

图3 特罗舍尔全家福。摄于1908年威廉港。最右侧的男孩就是彼得老人的父亲维甘德。裴琳提供。

黎世,伊丽泽还见到了弗里德里希·尼采(Friedrich Wilhelm Nietzsche,1844—1900),这位著名哲学家、诗人给她留下了深刻的印象。她还在一群俄国学生之中结识了其貌不扬的弗拉基米尔·伊里奇·乌里扬诺夫(Vladimir Ilich Ulyanov,1870—1924),这个彼时还略显稚嫩的二十三岁小伙后来化名列宁(Lenin),并在二十多年后领导了改变世界的俄国十月革命。

通过物理学考试后,伊丽泽回到了德国。1895年,她在舍内贝格(Schöneberg)与恩斯特·特罗舍尔结为夫妻。特罗舍尔是妇女运动的坚定支持者,因此他赞成妻子追求自己的人生目标。伊丽泽希望在柏林继续她的学业,但在1895年,由于传统的性别歧视,德国几乎没有女学生,当然也没有学医的女性。伊丽泽向每个教授咨询是否愿意让她旁听。因为认为这样做不合规矩,大多数教授都拒绝了。但经过不断地申请与抗争,她终于得偿所愿,成为柏林最早的女医学生之一。1899年,伊丽泽又去瑞士攻读了博士学位。自1900—1901年冬季学期开始,德国首次允许妇女参加国考。伊丽泽在柯尼斯堡大学参加了1901年的国家考试,因为要照顾相继出生的三个孩子克拉拉(Klara,1896—1970)、恩斯特(Ernst,1898—1918)和汉斯(Hans,1899—1979),伊丽泽只能和一个亲戚住在一起,并让其帮她照顾孩子。

携子随夫前往青岛

伊丽泽的丈夫恩斯特·特罗舍尔,1868年4月16日出生于西波美拉尼亚的斯塔加德(今波兰什切青旧城)。中学毕业后,特罗舍尔进入夏洛滕堡技术大学学习水利工程。完成学业后,他成为一名国家公务员，专门负责港口和造船厂建设。特罗舍尔曾在柏林和波罗的海沿岸的科尔贝格（Kolberg）、朗富尔（Langfuhr）等城市工作。1901年，他加入了德国海军，在但泽（今波兰格但斯克）担任港建总监。1903年，特罗舍尔接到了帝国海军部提出的前往远东进一步扩建德国保护区青岛港的工作。这对他来说无疑是一个挑战，他想带着全家人一起展开这次旅行。伊丽泽在回忆录中写道："我丈夫的一次调

图4　恩斯特·特罗舍尔 1903年8月—1906年初曾任1号工部（港口建设）局的总办。裴琳提供。

职给我们的生活带来了巨大的变化。一天，他在服役期间回到家，笑着问我：'你愿意和我一起去中国吗？''当然，'我说，'什么时候？''十四天后！'"此时的特罗舍尔夫妇已经有了四个儿女，1902年秋天出生的希拉（Hela，1902—1992）只有九个月大。但伊丽泽并没有考虑太久，就决定毫不犹豫地支持丈夫接受这份远渡重洋、且富有挑战性的工作，并带着孩子们随丈夫前往遥远的中国。至于促使她作出这个决定的原因，伊丽泽后来在回忆中说，还是在求学期间，她就对远方的世界充满了憧憬与向往。在地理课上，老师曾向学生们展示过中国地图，并讲述了那里的山川河流。遥远的中国如同童话般吸引着伊丽泽。而在当时的德国，还掀起过一阵中国热，那些家境优越的人们大量购买来自中国的瓷器和丝绸，还用中国风格装饰他们的花园。但在当时，如此遥远的异国旅行费用高昂，并

没有太多人能够负担得起。中国,对于绝大多数的德国人来说,就是一个无法触及的梦。

由于时间仓促,海军部只留给了特罗舍尔夫妇两个星期的准备时间。当时,德国只有皇家邮船"拜仁"号运营往来于汉堡和上海之间的航线。为了节省时间,特罗舍尔夫妇带着四个孩子和保姆乘火车从柏林先前往意大利的热那亚,再从那里乘轮船,花了大约五个星期才到达上海。从这个中国最繁华的通商口岸,他们又转乘"前进"号轮船继续驶向青岛。

毗邻大港的日常生活

到达青岛的最初几天,特罗舍尔一家暂时在位于威廉皇帝海岸(Kaiser-Wilhelm-Ufer,今太平路)的克里彭多夫饭店

图5 1904年,胶澳督署在西关街(今包头路、商河路路口)新建的1号工部局大楼,特罗舍尔一家曾在二楼拥有一套六个房间的公寓。

（Hotel Krippendorf，原青岛日报社办公楼），直到胶澳督署把他们安置在港口附近的一座小公寓里。伊丽泽在回忆录中写道："最必要的家具是由督署提供的。三个仆人——厨师、男僮和苦力已经在等我们了。我们的保姆利克贝特小姐（Licbert）立刻通过剪短他们一厘米长的指甲来展示她的权威，仆人们毫无怨言地忍受了。一开始与这些仆从的交流有点困难。我问男僮：'你能打扫房间吗？''我知道！''你会擦窗户吗？''我知道！'……显然他只会'我知道'这个词。起初我们经常注意到'maski'这个词，它可能根本不是中文，而是起源于德语中的'无所谓'。如果我给经销商 30 元，而不是 40 元，他们会说'maski30'，我就买下。我丈夫曾经看到一群中国人坐在一堆圆木上，于是警告他们，如果原木滚落，将会危及生命。他们却回答：'无论是生，还是死，都没所谓。'"

旅途劳顿后的休整时间也非常短暂，1903 年 8 月 24 日，特罗舍尔就开始在港口管理局工作，并于 9 月 3 日被任命为 1 号工部（港口建设）局的负责人。在青岛工作期间，他的直接上司是建筑总监尤利乌斯·罗尔曼（Julius Rollmann，1866—1955）。

1904 年，港务局在大港附近的西关大街（今包头路）上新建了一座大楼。一楼用于办公，特罗舍尔一家在二楼拥有一套六个房间的公寓。这所房子的房间不仅宽敞明亮，一个预制的阳台在夏天也可以提供足够的阴凉。特罗舍尔的孩子们对住处的位置毗邻港口非常满意。多年以后，他的儿子汉斯曾这样回忆："我爸爸参与了青岛港口的建造。要做到这一点，他需要挖掘机、浮吊、蒸汽夯、码头、潜水钟、船、驳船、信标塔和铁路。这些都是我们的好玩具。我们会爬上去玩。外面堤坝旁的挖泥船总是那么奇怪地呻吟。我们还有一条叫鳟鱼的蒸汽艇，（船上）有一间红色软垫的小屋和中式服务。有时我们会驶入黄海，那里有马蹄礁、阿科纳岛（即小青岛）和更远的潮连岛。在礁石上矗立着一座灯塔。它的灯火会在夜里忽明忽暗地照进我们的窗户……"

　　1904年2月11日，特罗舍尔夫妇第五个孩子，也就是彼得老人的父亲在青岛诞生。伊丽泽在回忆录中写道："卫礼贤牧师（Richard Wilhelm，1873—1930）为孩子施洗，并起名叫维甘德·观海（Wigand Quanhai）。在孩子的洗礼会上，我们很高兴地欢迎霍尔岑多夫（Henning von Holtzendorff，1853—1919）海军上将。他作为我们儿子的教父，被调到青岛担任总

　　图6　1904年3月6日，大港Ⅰ号码头竣工投运，特罗舍尔作为港口主要部门的负责人也参与了这次活动。

图7 1904年2月11日,彼得老人的父亲维甘德出生在青岛的1号工部局大楼。裴琳提供。

督(此处记载有误,霍尔岑多夫时任轻型巡洋舰"汉莎"号舰长,下同),也是我们家在青岛唯一相熟的德国人。

"这次洗礼的形式和我们在德国和大孩子们的庆祝活动略有不同。我们的卧室被打扫干净,墙壁上衬有红色天鹅绒,一张小桌子上放着一个漂亮的水晶碗,里面装着洗礼书。海军营的军乐团在走廊里(等候),除海军上将冯·霍尔岑多夫外,港口建设主管的妻子罗尔曼女士则代表工务局。当冯·霍尔岑多夫举行小小的施洗时,孩子用双手坚定地接过上将的命名,他亲切地说这是一个好兆头。在我们厨师准备的宴会上,大约有二十位客人参加,都是我丈夫的同事和他们的妻子,还有狄仁清医生(Dr.Edmund Dipper,1871—1933)和卫礼贤牧师夫妇。饭后,餐厅被打扫干净了,大家伴着音乐开始跳舞。"

图8 德皇威廉二世的三子阿达贝特王子曾在青岛服役。

出于对年幼孩子细心抚养的考虑，伊丽泽很少参与青岛德国人的社交生活。但是当威廉二世（Wilhelm II，1859—1941）的三子阿达贝特王子（Prinz Adalbert，1883—1942）随德国军舰"赫塔"号（SMS Hertha）来到青岛时，胶澳总督都沛禄（Oscar von Truppel，1854—1931）举办了一个大型舞会，所有军官和高级官员都被邀请和他们的太太一起参加，伊丽泽也不得不去。她回忆道："在这里，我看到这位友好的年轻皇子在活泼随意地交谈，在我被介绍给他之后，他邀请我跳了一支华尔兹。在共舞中，我问他是否愿意来青岛。'是的，我很想来。'他说：'大海太美了。'然后在短暂的停顿后，令人惊讶的一句话是，'从船上，我可以看到你的卧室。'王子大概十九岁，这句话听起来年轻、幼稚。今天，回想起那一刻……我仍然很荣幸能和德国皇帝的一个儿子共舞……"

受当地妇女欢迎的德国医生

搬家之后，伊丽泽立即开始了她的工作。当时每年出版的《行名书》（Adress-Buch）和《山东汇报》（Kiautschou-Post）周刊的增刊都对她的到来进行了记载和报道。在伊丽泽看来，青岛当时的医疗条件已经非常之好了。俾斯麦大街（今江苏路）的医院里有足够的海军医生，一些私人医生也已经安顿下来。开始几年还有许多霍乱、痢疾和斑疹伤寒的病例，但之后这些烈性传染病就非常少了。除德国海军军医外，一些无力负担医疗费用的中国穷人还受到教会医院的免费照顾。伊丽泽在当地的中国妇女中很受欢迎，因为她既是全科大夫，也是妇产医生。因此她经常坐人力车或船去附近的村庄，给那些即将生产的孕妇接生。

伊丽泽在其自传中写道："有时，我会从港务局借用人力车以便长途旅行。这辆车两边都有窗户，上有顶棚。这样我就可以免受风雨的侵袭，而且在里面也更安全。因为苦力都认识我，并且在发生抢劫时无论如何都会保护我……我一直很不愿意使用这辆车，但不幸的是当时没有其他的出行工具，看到苦力喘着粗气，汗水浸湿的躯干像驮马一样为我服务，这不符合我们的自由与尊严感。"

伊丽泽认为，她的作用仅仅是帮助产妇分娩，但她所帮助的平安降生了长子的家庭给了她一份特殊的荣誉。伊丽泽写道："孩子的父亲来找我，问是否可以送我一份礼物，我当然同意。几个星期后，一个信使来了，问我现在是否愿意接受这份礼物。在我接受之后，一直在外面等着的孩子父亲拿着一卷沉甸甸的红绸走上前来，这块红绸有两米宽、三米长。中心用镀金的中文写着'医术精湛'（Kunst ist am schwersten ohne Medizin）。一边写着捐赠者的名字，另一边写着'来自欧洲的著名德国医生特罗舍尔夫人'。四十年来，这面锦旗一直装饰在我中式房间的墙壁上。然后俄国人来了，把房间变成了马厩，后来我只找到了几块红绸碎片。"伊丽泽还认为，有时她也很难向那些失望的父亲解释他们有了一个女儿。而通常，那些刚生了男孩的父亲都会带来珍贵的礼物。

见证大港开通和发现新的物种

1904年3月6日,期盼已久的大港I号码头终于竣工投运。这座石砌的突堤式码头有七百二十米长,并配置了摩擦桩、系缆柱、配套库房等先进的设施。总督都沛禄在众多嘉宾的面前为大港启用揭幕,伊丽泽的丈夫特罗舍尔作为港口主要部门的负责人也参与了这次活动。码头的一部分还被布置成了游乐场。作为庆典上的一个亮点,装饰着许多旗帜的"伊尔蒂斯"2号(S. M. S Iltis II)炮艇缓缓驶入,切断了延伸至港口上空的绳索。在

图9 回到德国后,特罗舍尔参与设计的威廉皇帝大桥(Kaiser-Wilhelm-Brücke)的设计建造。这座横跨亚德湾的大桥是当时欧洲最大的平旋桥,至今仍是威廉港的地标性景观。

新码头上，海军第三营的军乐队也进行了演奏。

特罗舍尔在青岛期间，一直致力于码头虫害的研究与防治。据 1905 年 3 月 29 日的《青岛新报》(*Tsingtauer Neueste Nachrichten*) 报道，特罗舍尔在德国殖民协会组织的大会上作了一个有趣的演讲，他着重讲述了防治蠕虫危害及其对港口建设的重要性。当时，青岛港务局已设置了一个有上百个硬木桩的测试站。特罗舍尔将一些橡树桩带回他的花园，以便更详细地检查木材受损和蠕虫的活动情况。伊丽泽用锤子和凿子帮助检查蠕虫的活动。她曾回忆道："我当然对丈夫的工作很感兴趣。我经常陪着他到施工现场，惊讶地看到安放构成码头基础的每一桩都要付出很大的努力和耐心。我对这些橡木桩特别感兴趣。在青岛的经验是，即使最好的硬木，短时间内没有任何外部腐朽迹象的也从内部变得脆弱和朽烂，以至于轻轻一推就能完全毁掉一个厚实的支柱，甚至使其断裂。调查表明，危险的木材害虫，包括木虱和钻虫都在进行破坏。尽管木虫只吃掉了表面，受到影响的部分看起来就像是雕刻家在上面雕刻了蔓藤花纹和人物图案，但木虫生活在木头的中心（不易被察觉）。我丈夫把一些原木带进了我们的花园，我们经常花几个小时用锤子和凿子把几米长的虫害通道暴露出来，以清除危险的蠕虫。"特罗舍尔将头部发达的蠕虫标本送到了柏林的动物博物馆进行鉴定，以确定自己是否发现了一个新的未知物种。他还编写了一本有关木材养护的手册，但该手册却在特罗舍尔去世一年后才由施普林格出版社出版。在其中，特罗舍尔描述了钻木蠕虫对木材的破坏。这种蠕虫后来以他的名字命名为：特罗舍尔船蛆 (Teredo navalis Troschel)。

孩子们记忆里的青岛

对于特罗舍尔家的孩子们来说,青岛是一个令他们好奇的新世界。每当有什么奇怪东西可以看的时候,特罗舍尔家的三个大点的孩子就出现了。孩子们经常去旅行探险,小恩斯特和汉斯常骑着驴子穿过郊区。尤其是在山沟里,他们发现了一些奇异的动物。汉斯告诉他的父母,在一个大池塘里,他们发现过像煎饼一样大的臭虫。有时他会被蝎子咬伤,但汉斯还是敢把这些不知名的虫子放在一个袋子里,然后再带回家。孩子们还很高兴地去探访位于港口区和欧人区之间的大鲍岛中国城。那里的中国玩具、剪纸和精美的瓷器让他们流连忘返。

闲暇时,特罗舍尔会和儿子们一起踢足球,或者进行其他体育运动。盛夏时节,他也会带孩子们去郊外探险,游览崂山,住在梅克伦堡宫(今崂山柳树台)的度假屋里,与他们分享对动植物的兴趣。三个大一点的孩子非常喜欢这种远足,尤其是汉斯经常回忆起这片崎岖的山野。当港务局的花园建成后,特罗舍尔曾让园丁种植山楂树,园丁说山楂树在青岛长不好,但是特罗舍尔还是让他种。他告诉园丁,无论怎样,至少应该试试。在孩子们眼中,恩斯特·特罗舍尔是一名技术官员、生物学家和运动员,同时也是一位慈爱的父亲,家庭的幸福总是放在首位。后代们都认为,特罗舍尔潜移默化地将自己的研究精神传承给了他的子孙。

后来成为一名画家的汉斯·特罗舍尔也写过很多他在青岛的经历。比如日俄战争期间,俄国军舰逃亡青岛的记忆。1904年8月11日晚,俄国军舰"切萨列维奇"号进入大港时,汉斯才五岁,但这些儿时的经历却让他终生难忘。作为旗舰,它与其他军舰一起于8月10日离开了旅顺港,想突破日军的围困,前往符拉迪沃斯托克(海参崴)。当日军展开进攻时,其他船只得以逃脱,但"切萨列维奇"号被严重击伤,为了不被日本海军掳获,"切萨列维奇"号与其他三艘驱逐舰一起逃至青岛港,并停泊在2号码头。许多阵亡者被从船上抬下,其中包括德国出生的舰长、海军少将威瑟夫特(Wilhelm Karlowitsch Withöft,1847—1904)。

图10 伊丽泽在小城奥尔登堡度过了平静的晚年生活,于1952年11月6日去世。裴琳提供。

由于特罗舍尔家的公寓就在港口,因此可以看到严重受损的军舰进港。汉斯·特罗舍尔回忆道:"我们的房子靠近港口。远处可以隐约地看到了嶙峋的大珠山。当一名伟大的水手或一艘邮轮从欧洲远道而来时,我们这些孩子就在港口那里等着。一天,一条冒着烟的巨大轮船进入港口。这是一艘装有很多大炮的军舰,看起来非常大。但是都被击毁了,烟囱像筛子一样透明。它靠了岸。更像是一艘死亡之船。尸体被从船上抬走,伤残的人放在有条纹的木板上。浓稠的鲜血从他们的身上滴落到甲板上,然后滴洒在大街上。"伊丽泽在重伤者被送往医院之前对他们进行了急救。多年之后,汉斯说,他与哥哥小恩斯特、姐姐克拉拉也一直在旁边看着。

尽管家里已经有了五个孩子,但特罗舍尔家庭的规模还在扩大。1905年9月,第六个孩子格尔达(Gerda,1905—1986)

出生了，她的中文名字叫清明（Tsing-Ming）。伊丽泽有足够的时间在家里教她的大女儿克拉拉，而小恩斯特和汉斯两个男孩则要去督署学校（今广西路1号）上学。他们每天早上都骑着驴子上学，一个马僮扛着书，陪着他们。上课时，这个孩子就牵着驴等他们放学。家务事一般由从德国带来的保姆利克贝特小姐负责，她通过自己的权威领导中国仆人。

总之，特罗舍尔一家在青岛的生活平静、惬意，不仅给夫妇二人也给他们的子女们留下了深刻的美好印象。

设计建造欧洲最大平旋桥

1906年初，特罗舍尔被任命为威廉港帝国造船厂的港建总监。一家人依依不舍地离开了生活了两年多的青岛。回到德国后，特罗舍尔一家住进威廉港国王大街50号的一间公寓。不久后，伊丽泽在此开设了一家诊所。在威廉港工作三年期间，特罗舍尔参与威廉皇帝大桥（Kaiser-Wilhelm-Brücke）的设计建造。这座横跨亚德湾的大桥以德国皇帝威廉一世（1797—1888）命名，高九米，总跨度为一百五十九米，是当时欧洲最大的平旋桥，至今仍是威廉港的地标性景观。此后，特罗舍尔回到但泽，并离开帝国海军，他成为生产基础化工品的吕特格工厂（Rütgers-Werken A.G）的一名主管。

1914年7月，第一次世界大战在欧洲爆发。特罗舍尔在战争动员期间就应征入伍，并前往位于法国北部和比利时西南部交界处的佛兰德斯（Flanders）前线参战。不幸的是，次年特罗舍尔就在德军与加拿大部队之间的激战中身受重伤。虽然被批准休假回国疗伤，但四十七岁的恩斯特·特罗舍尔却没有绝处

图11 彼得老人在奶奶伊丽泽的墓旁。裴琳提供。

逢生，1915年8月25日，他在柏林死于胸膜炎。三年后，儿子小恩斯特也在法国前线阵亡……

伊丽泽和其他几个孩子在经历了两次世界大战之后都幸存了下来。在辗转过许多地方之后，伊丽泽在小城奥尔登堡度过了平静的晚年生活，她于1952年11月6日去世，并被葬于当地的新奥斯特堡公墓。伊丽泽留给了家人许多文学作品，其中有不少文字充分体现出她始终对中国、对青岛的热爱。

父亲与他的弟兄们

冬　冬

李氏，在江苏省南通市的西亭镇上是个大家族，传说祖上是陇西望族，随北宋南迁而来，其中有一支落户在南通西亭。

我曾祖父那一辈上有弟兄十人，被称为"李家老十房"，子孙繁衍，西亭镇上半条街都姓李，被人们称作"李西亭"。我祖父李国光（1874—1932）出自第九房，家境贫寒，自小就被送去当学徒。由于他吃苦耐劳、勤奋好学，中年时终于自己开了一爿杂货店，叫"李福泰"，卖些乡下人需要的香烛纸钱，也自产自销西亭脆饼、麻糕、寸金糖之类的茶食。

祖父有六个儿子、一个女儿，我的父亲李守章排行老四。父亲十岁那年，即将在南通代用师范学校毕业的大哥李守铭（1895—1914）染上瘟疫，暴病而亡。失去长子的祖父生了一场大病，想用鸦片治病，却不幸染上烟瘾，杂货店逐渐败落，一家老小只得靠借债度日。每逢年关，讨债的络绎不绝，挨到夜深人静，一家人抱头痛哭。我南通的堂哥李睦安在他编写的家谱《西亭李氏古香堂的后人》一书中写到，镇上有钱的李姓人家，大门上的春联写的都是"登龙望族汉司吏，旋马清风宋宰臣"，横批"陇西望族"，炫耀自家祖上是当官的；我家祖父自愧不如，只在堂屋横梁上贴个条幅"陇西传统"，以示子孙不忘"书香门第"之本。

随着时间的推移，"李家老十房"的后人们早已贫富分化，到"守"字辈的这一代青年，政治立场也开始对立起来。参加国民党的有族兄李守黑等，参加共产党的有我父亲

图1　顾民元

李守章、六叔李守淦、表叔刘瑞龙和顾民元等，刘瑞龙与顾民元都是"老十房"的外孙辈。六叔回忆，每逢寒暑假，他的那些哥哥们各自回到老家，相互之间便开始了"阶级斗争"。

我父亲李守章（李俊民，1905—1993），1923年就读于国立武昌大学，在那里加入了中国共产党，国共合作后是国民党跨党党员。他担任过中共湖北区委秘书、市委宣传部部长等职，也担任国民党湖北省监委委员。我的三伯父李守度（1901—1927）原来是南通交通警察学校的学生，1926年10月跟随我父亲去了武汉，参加了国民党左派，由于工作积极，当上了巡警长。后来父亲看到形势不对，叫他赶快回家。李守度回到南通继续参加国民党左派的活动，宣传革命思想，反对封建迷信。适逢乡里开庙会，一帮子人抬着菩萨在街上游行，还打出国民党的旗帜。李守度不能容忍，带人砸掉了菩萨，将出会的人冲散了。那些土豪劣绅对他恨之入骨，跪在地上对天诅咒，求菩萨让李守度一家大小"统统死光"。那时正是1927年10月间，西亭地区流行白喉病，当晚就有人带信给李守度，说他妻子得了病。李守度回到家中，看到两岁的儿子也传染上了，急忙抱着儿子四处求医。儿子没救活，李守度自己也被传染了，三日

之内，父子两人先后死去，只有最先染病的三伯母奇迹般地活了下来。土豪劣绅们大肆造谣，说李守度给菩萨抓走了，一时间甚嚣尘上。事后，三伯母想起丈夫生病时去抓药的那片中药房正是土豪劣绅开的，谁知道有没有人做过手脚呢？

大革命失败后，父亲从武汉回到南通，在西亭老家为革命志士巫钲一、李守度举行追悼会，三四百人前来参加，挽联、帷幅挂满了厅堂，院子里搭起宽大的祭棚，与会同志轮番上台演讲，狠狠打击了土豪劣绅们的嚣张气焰。巫钲一，西亭人，父亲的小学同学，1927年在日本病逝。他在上海读书期间，按恽代英指示回乡创建南通地区国民党组织，开展宣传鼓动；我父亲则是根据董必武的要求在学校寒暑假中回乡发展国民党员，这是第一次国共合作时期的情形。

图2　西亭老家。摄于1936年。

图3 李俊民（右）、高鲤（左）、徐建楼（中）摄于1946年。

此时，父亲弟兄六人，老大、老三已去世，老五高鲤（1908—1989）从小过继给人家，妹妹李怀冰（1906—2008）出嫁，家中只剩下三兄弟。老二李守廉（李也介，1896—1966）没有进过学堂，帮着祖父做生意。老六李守淦（徐建楼，1914—2005）小学毕业后考进南通师范学校，刘瑞龙（1910—1988）是那里的中共党支部书记。在兄长们的影响下，徐建楼于1928年3月参加共青团，后来转为共产党员。

刘瑞龙的外公是西亭的一介儒生，母亲李遂安自小初识文字，出嫁到南通陆洪闸刘家，不料儿子出生才七十天，丈夫便离世而去，孤儿寡母寄人篱下。李遂安代人刺绣、纺纱贴补家用，她经常勉励儿子说："城河里的砖头总有翻身的时候。"刘瑞龙十一岁就被母亲送到南通城里读高小，寄宿在表哥葛松亭家。葛松亭参加过辛亥武昌起义，失意回家，在《通海新报》当经理。刘瑞龙在葛家增长了知识，开阔了眼界。自从表姐葛季膺和表姐夫恽代贤（恽代英的弟弟）在大学参加共产党之后，恽代英、萧楚女经常给葛家寄送《共产党宣言》《社会进化简史》《共产主义ABC》《共产国际党纲》《帝国主义浅说》《新社会观》《马克思〈资本论〉入门》以及《中国青年》《向导》等进步书刊，刘瑞龙与志同道合的同学们组织起革命青年社，一起学习和讨论，并由此走上了革命道路。

位于南通城南的大生副厂是张謇所创办大生纺织公司名下的第四家大工厂，通师党、团支部以学生会的名义办起了大生副厂工人夜校，对外的名称叫民众学校。夜校由团支部书记袁

图4 李俊民（前中）与李睦安（后中）等子侄摄于西亭。

锡龄负责,刘瑞龙、丁瓒等人都是教员,我母亲汪钦曾(汪蓁子,1907—2002)当时是南通女子师范学校的党支部书记,在工厂开展女工工作,也去夜校,与我六叔徐建楼一起教工人们唱歌,如《工农革命歌》《少年先锋队歌》等。红五月里,他们组织工人夜校的青工们深夜出去写标语,贴传单,搞得热火朝天。

1932年5月,徐建楼在散发传单时被捕,被南通的法院判了五年徒刑,那年他刚满十八岁。祖父和姑祖父顾怡生再三疏通,将六叔临时性保外就医,由顾怡生、李子松、李也三等三人作保。在济南教书的父亲得知后,给六叔寄去一张二十元汇票,六叔拿着汇票直奔南通城找到县委的同志,将汇票换成现金,并根据县委给他的联络地址去上海找到中共地下党,被分配到共青团江苏省委工作。南通这边的三位保人遭了殃,顾怡生、李也三以外出寻人为由,逃到济南住在父亲家中;二伯父李也介代替叔祖父李子松顶替六叔坐牢。六叔是祖父母最喜爱的小儿子,长相俊秀,性情活泼。此时祖母已经去世,五叔高鲤陪着祖父赶到上海,托人劝六叔先回南通再想办法。六叔一心革命,不愿再回到樊笼之中,到祖父所住旅社留下一封信后离去。祖父外出归来见到此信,懊悔自己走开,失去了与小儿子再见一面的机会,一时急火攻心,当场就倒下了,这是10月份的事情。

其时父亲刚刚进入山东省立高级中学任教,接到西亭急电"老父病危",匆匆向学校告假十日,回到南通,首先到姑祖父顾怡生家中探望。顾公毅(1881—1955),字怡生,他的夫人李葆诚(1879—1950)是祖父的胞妹。1902年张謇创办私立通州师范学校,顾怡生是首届毕业生。由于他学习勤奋,做事认真,深得张謇赏识,将其留校任教,不久便委以教务主任之要职,是民国初年"通州四才子"之一。父亲自小学毕业离开西亭老家到南通求学,每个星期天都是在姑祖父家中度过的,深受顾怡生道德学问的影响。顾怡生一双儿女,女儿民豫天生丽质、儿子民元聪颖过人,曾是一个令人称羡的家庭。

父亲去时,只见表妹顾民豫躺在帐中嘤嘤哭泣,姑母坐在一边垂泪不语。父亲想到她们是被自家连累,心中悲催,陪着母女俩掉眼泪。未想回到西亭家中才一天,李子松跑来告诉父亲,说顾民豫投井自尽,父亲悲愤莫名。打听此事缘由,才知顾民豫偕夫君回家省亲,见老父出走避难,老母一人在家担惊受怕,要留下来陪伴母亲,尽女儿一份孝心。女婿见岳父家成了是非之地,催促妻子快回婆家,夫妻发生争执,酿成悲剧。父亲事后分析,顾民豫自幼生长在一个开明的知识家庭,弟弟民元少年时即参加革命,她也有着向往自由之本性,如果与生身父母共患难的人身自由都没有,还不如决绝而去,只可怜留下幼子一双,从小就没了娘亲。

祖父尚未断气,父亲假期已满。原先祖父染上烟瘾,父亲工资的大部分都是寄给家中的,如今二兄蹲进班房,西亭一大家子都要依靠自己的工资度日了,所以父亲不敢久留,回到济南继续上班。当时我母亲的二哥汪钦埔在济南省立高中任体育教师,陪着顾怡生游览千佛山、大明湖,老人心情愉快,写下一组《济南杂诗》,其中有一首是思念女儿的:"亭亭一舫署明漪,我已遐思到女儿。何日携儿同坐此,教儿权作主人宜。"(有文人称大明湖为"明漪",与民豫谐音)父亲看到姑父写这首诗的日期,其时民豫已殁,他不敢告诉姑父,唯有独自心酸而已。11月,祖父李国光去世,其儿女七人,只有从小过继给高家的老五高鲤一人送终。二伯父李也介代替保人坐牢,在监狱里待了将近两年方才获释。从此"李福泰"关门息业,家庭彻底败落了。

1935年12月我六叔在上海又一次被捕,尽管他拒不承认共产党员的身份,但还是被判处两年六个月的徒刑。1938年6月,六叔刑满释放,上海组织认为他不便继续在上海工作,建议他到武汉去找八路军办事处。六叔去了武汉八路军办事处,递上自己的履历报告,得到的答复是:"你们的报告看了,但其中的很多情况弄不清楚,现时又找不到证明,因此不能解决你们的组织关系。你们只有从实际的斗争中去找党,好在现在是抗日时期,到处有党的活动。"六叔听到这个回答,心中自然非常失望,但他没有灰心,积极参加党所领导的抗日群众团体,并跟着其中一支东北救亡挺进队深入敌后。他们从武汉出发,长途跋涉一个多月,于1938年10月到达安徽境内。1939年3月,六叔在当地重新入党,先后担任过舒城、凤阳、仪征的县委书记。1941年5月六叔在淮南区党委任秘书长时,与相识两年的徐波结婚,她也是一位年轻的"老革命"。

1937年6月,在山东省立高中做国文教员的父亲带着母亲与大哥回南通省亲。7月7日卢沟桥事变爆发,紧接着平津沦陷,父亲滞留家乡。他寻求各种抗日途径,但处处碰壁,直到1940年初夏新四军东进来到苏北,才得以发挥自己的作用。10月10日新四军为建立苏北抗日民族统一战线,与国民党地方武装李明扬、陈泰运部联合成立"联抗"部队,陈毅任命黄逸峰为司令,父亲为副司令。五叔高鲤也在此时参加了"联抗"。

抗战胜利,人们还没有来得及充分享受胜利的喜悦,又面临着国民党军队的疯狂"清剿"。国民党军队对苏中解放区的进攻是从1946年下半年开始的。当时,南通、如东、海门、启东地区划为苏中九分区,父亲担任九分区副专员兼宣传部长,六叔徐建楼从淮南调回苏中,担任九分区民运部长,五叔高鲤担任专署的优抚局长。三兄弟同在九分区工作,被同志们称为"兄弟加战友",但他们并不常见面。1947年的一天,弟兄三人凑巧碰到,又离西亭不远,就在晚上一起回西亭镇东街头的老家看望二哥李也介。弟兄四人被战争相隔多年,见面有着说不完的话,但是刚待了一会儿,镇上的民兵就来报"土顽"往西街过来了,于是三人便赶快离开了。这是他们在整个战争期间仅有的一次回老家。

1949年2月2日,九分区武装部队进入南通城,宣告南通地区解放。此后,六叔先后担任南通地委组织部长,苏北区党委秘书长兼统战部长,以及苏北区各界人民代表大会及政治协商会议的秘书长。1950年9月,苏北首届各界人民代表会议正式召开,会议检查了政府一年来的工作,确定今后的任务,具体讨论了土改问题、发展生产以及防荒救灾的工作方针。顾怡

图5 1950年苏北首届人代会。前排左四顾怡生,后排右一徐建楼。

图6 李也介全家福

生当选为会议副主席、南通市政府委员和苏北区政协委员。抗战期间，他的独子顾民元担任抗日民主政府启东县第一任县长，于1941年2月不幸牺牲。顾民元写过一首歌颂启东老百姓开河筑堤、围垦拓荒的诗歌《新土》："新土的千万大禹英勇的魂魄，仍然是新土的主人来把新土守护。"年过花甲的顾怡生为继承爱子的遗愿，只身前往启东乡下创办通师侨校，培养抗日青年和建设人才，直到抗战胜利方才回到南通。顾怡生、李葆诚夫妇正直、善良。我父亲在南通读书时，他们照顾多年；六叔在南通读书时，他们受我祖父之托，让六叔住在家中，每日走读；我姑妈李怀冰守寡后，他们又将李怀冰接到自己家中；他们替二伯父李也介在南通翰墨林印书局找到一份工作，于是，

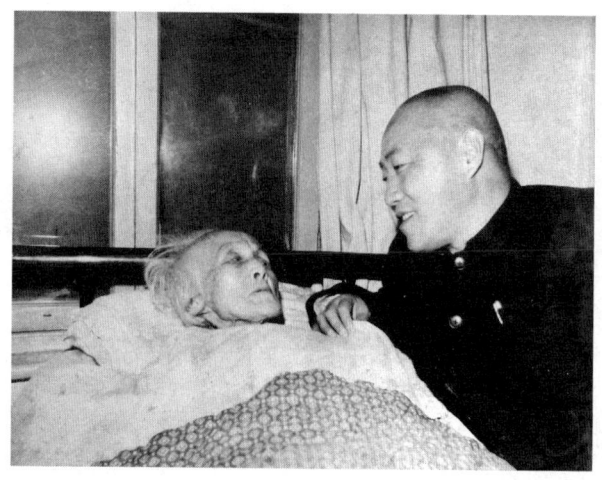

图7　刘瑞龙与母亲李遂安

李也介也住在他们家中搭伙。顾民元留下七个遗孤,均由两位老人抚育,尽管有烈士抚恤金,但战争年月里难免时断时续。三伯母在那里帮助姑祖母照看孩子,经常赞叹姑祖母精打细算的本事:"一个铜板也要掰成两爿用"。姑祖母因劳累过度,于1950年10月突发急病,当时姑祖父正在扬州参加苏北人民代表大会,赶回南通延医诊治,但已无力回天了。

1953年,江苏省成立。六叔调到省工业部担任副部长,父亲担任省文化局局长,五叔是南京大学的总务处长。六叔在他的回忆录里写了他与我父亲一起参加高级干部理论学习的情况:1953年4—7月学习《苏联社会主义经济问题》,用测验和写心得文章的方法举行考试。六叔参加了测验,父亲写了心得文章,题目是《关于政治经济学法则的客观性质问题》,主要内容是领会"科学法则是反映自然中或社会中不以人们的意志为转移的客观过程"。六叔的这段回忆使我想起了"大跃进"后期父亲曾在家中大声宣告:"客观规律是不以人的意志为转移的!"当时我在他身旁看书,抬起头来,只见屋内并无他人,不禁愕然。

1955年,六叔调去北京,在国务院冶金部基建司工作,分管钢铁企业的基本建设。1958年8月,中央在北戴河举行政治局扩大会议,要求钢铁产量当年翻番,提前实现原定的十五年内钢产量赶上或超过英国的目标。六叔参加了这次会议,会后,奉命到山东省主持大办钢铁运动。在"土洋结合""大中小并举"的指导方针下,轰轰烈烈的全民炼钢运动开始了。六叔在《徐建楼回忆录》里写道:

> 从省会济南到全省每一个地市都掀起了土法炼铁炼钢的热潮。一夜之间,就筑起了成百上千个三立方米的小高炉,男女老少齐上阵,都卷入了不分白天黑夜、热火朝天的炼铁运动。到10月份,全省三立方米的小高炉已经发展到两千两百余座。11月,省冶金局召开"山东省高炉丰产运动现场促进会",我在会上作了总结性的发言。根据少数几个厂的小高炉日产生铁八吨的经验,提出"在全省开展一个小高炉大面积丰产运动,要求各地遍地开花,放出高产卫星。要求炼铁生产向着丰产、高寿的道路迈进,力争上游,迎风而上。要求利用系数达到1。这样全省的小高炉的日产量就可以达到八千吨以上。要求今后生铁生产走向基地化、工厂化,建立正常的生产和管理秩序,摸出钢铁生产长寿和丰产的规律,使之走上健康发展的道路,从而使1959年的钢铁生产来一个更大的跃进。

从六叔的发言来看，当时他对小高炉炼铁还是寄予厚望的，结果炼出来的却是很多不合格的铁渣不分的废品，造成了原材料和人力物力的极大浪费。1959年8月庐山会议结束后，全国开展了反右倾斗争，六叔也受到批评，说他消极对待发展土高炉的群众运动，信赖洋专家，被定为"右倾机会主义分子"。实际上，1959年之后，这种土法炼铁、全面开花的做法就停止了，开始了正规的炼铁炼钢，山东省逐步建立起济钢、青钢、莱钢等钢铁基地。1962年六叔被"摘帽"，在莱阳动力机械厂工作了十三年，1982年底，调到山东省机械工业厅当顾问，直至离休。

我小时候没有见过表叔刘瑞龙，1953年10月我父亲调到上海工作时，他已经从上海调往北京担任农业部常务副部长。1959年，他回到上海。有一天我放学回家，看到屋里只有刘瑞龙一人，站在书橱前，一本一本地翻阅着里边的古籍书。我对

图8　作者与姑妈李怀冰合影。

大干部心存敬畏，正想悄悄溜走，不料刘瑞龙回过头来，招呼我一声"东生同志"。我还是第一次听到有长辈称呼我的学名，而且还视我为"同志"。此后，我明白了一个做人的道理，就是无论自己地位高低，都要尊重身边的每一个人。改革开放后，刘瑞龙调回北京，1988年5月因通宵达旦地工作，倒在了工作岗位上。

　　1993年6月，我父亲去世；7月，我与三位兄长遵父亲遗嘱，将其部分骨灰撒在南通马鞍山南麓的长江岸边，那里是他与我母亲在20世纪20年代一起参加党组织活动的地方。然后，我们去西亭老家看望了三伯母。三伯父去世时，三伯母才二十五岁，开明的祖父送她到南通女师读书，希望她有一个好的前途。抗战时期，她在自己陪嫁过来的三亩地里盖了三间草房，我父母参加抗日，就将我大哥寄养在那里。姑祖母1950年去世，也是她继续照看顾民元未成年的孩子。姑祖父1955年去世后，便由我父母和六叔家轮流给她寄生活费。到了十年浩劫，这两家都被冻结工资，三伯母失去了生活来源。幸亏有人帮忙，将她列为"五保户"，街道每月发十元生活费。三伯母晚年瘫痪多年，全靠二伯父的后人们照顾她的生活。二伯父家风优良，子女们都是大中专毕业生，均事业有成。那次见面，三伯母动情地对我说："我是看着你长大的呀！"我读初中时，正逢"三年自然灾害"，父母将三伯母接到上海住过一段时间，我还记得她对我的谆谆告诫："女伢儿不能一天到晚野在外面的——"就在我们这次去过西亭之后，三伯母在睡梦中安然去世，享年九十一岁。

（照片由李睦安提供）

"道阻且长"

——我的高考之路

吴玉仑

我这辈子只参加过一次正经八百的考试，那就是1979年的高考。

1978年5月10日，在外漂泊了十年的我怀里揣着沉甸甸的病退回乡证明，满身疲惫又兴奋异常地病退回京了。正像十年后被费翔唱红的那首歌《故乡的云》："我曾经豪情万丈，归来却空空的行囊"。

不懂数理化又没有一技之长，身体还不太好，今后的日子怎么过，出路在哪里？回到家里激动几天之后，脑子里便整天想着这个问题。

我在开头说过，这辈子只参加过一次考试，那是因为我根本没上过高中，挂名是1969届初中毕业生。但自从1966年"文革"开始便不上课了，一直到1968年1月份"复课闹革命"才又进入学校，再后来1969年9月份就"上山下乡"去了北大荒。在这一年多的初中阶段没上过一天文化课，下了三次农村、两次工厂，其他就是搞运动、政治学习大批判，不上课当然也就不必考试了。

所以，我的实际学历就是小学五年级，因为"文革"停课

图1 作者在北大荒

的时候我只上到五年级。在小学的时候根本就不知道什么叫考试，顶多有个测验，发一张卷子，做完拉倒，也不太在意得了多少分。年级升学也是这样，不记得有什么兴师动众的考试，也没有期末考试复习这个概念。到学期末了老师发一张卷子说今天测试，做完就回家玩去了，不太当回事。

要不说是"福祸相依"呢，小学五年级按当时的算法应该是1970届。但我们景山学校是个实验学校，课程比较超前，所以就把我们统一划到了1969届，这一划就赶上了大拨的"上山下乡"，1969届基本都下去了。这一划就把我划到了北大荒，一去十年。

那时，我只有十五岁！

虽然小学都没毕业，但我心里总有个大学梦，不知怎地

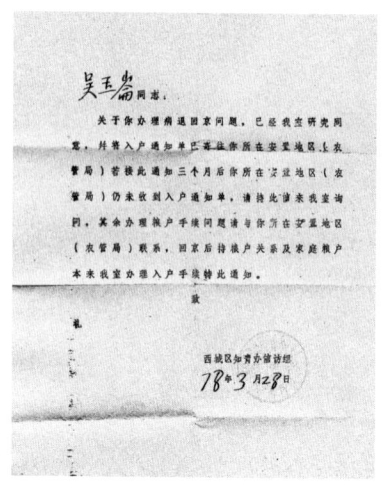

图2　作者的病退通知书

就是想上学,感觉只有上学才能改变自己的处境。1977年底恢复高考的消息传来,深深地触动了我的那根神经,或许这就是转机了。那几年政治运动不断,建设兵团也不例外。什么"批林批孔""儒法斗争""反击右倾翻案风"等等。经常参加政治学习,多少也接触了点政治经济学、中国历史、古代汉语什么的,再加上我平常也自学一点数学语文之类的功课,还有点小小的底气。再说咱平常百姓家也没个关系,能找个什么样工作一点没数,如能上大学那当然是最光明的前景了,前提是你得能考得上,努力一把呗!

但我却没能参加1978年的考试,报名时得知当年国家有政策规定,病退回城不满一年者不得参加高考。没辙,也好,努努力补习一年,来年再说,也许把握更大一点呢!

接下来的问题就是要赶紧找工作养活自己。

身份一变,知识青年成了"待业青年"。虽然当时有街道办事处负责安排工作,但工作机会很少除非你自己有门路,所以有事没事都要去办事处报个到,打听打听有什么工作信息。办事处也安排我们学习,呼啦啦好几十人能坐满半个篮球场,都是从各地"病退""困退"回城的知青。办事处给我派过两次活,一次是"风机厂",是个街道工厂(现在人们大概不知

图 3 回京待业时的作者

道这个概念,就是集体所有制小工厂)。工厂的产品是把白铁皮切割铆焊成通风的烟道,然后在外面喷上红砖色的油漆,这物件很大,成品就码放在厂子旁边的小马路两侧,老远就能闻到一种很刺鼻的味道。管人事的领导指着一个带斗的小三轮车,很和蔼地对我说:"我们看过你的档案,你在连队时做过保管员,这个工作比较适合你。"——分配给我的工作就是蹬着这个小三轮每天去附近的菜市场买菜,拉回到食堂,当然还有很多杂七杂八的事就不细说了。谢过领导之后,我说回家考虑考虑。当时大家都想去全民所有制的大企业,工资待遇要好些,一段时间之后可能还能学点技术。第二次分配的工作是卷烟厂,就是北京出"香山""八达岭"牌香烟的厂子,我和胡同里一大帮待分配的知青都去看了。卷烟厂和一个大学在同一个院子里，大概是70年代建厂时占了学校的一半地方（好像是财经学院）。一进门就看见院子里一座座的烟叶垛，就像农村的柴火垛一样，上面用大苫布盖着。负责招工的同志说——我们是国营大厂，北京著名的烟卷就是我们厂生产的。大家看到了那些烟叶，要定期地翻垛，以防发霉。你们要干的活就是把烟叶垛打开翻晒，然后重新码好。他顺手指了指桌上一个个盘子里散放的烟卷说，我们这的烟大家可以随便抽——不大的屋子里一阵吞云吐雾以后，人们便散去了。单位不错，但这工种不是什么人都干得了的，首先我这慢性鼻炎就受不了。此外，一边翻着烟叶垛一边看着旁边大学生上课念书，那滋味估计也不好受。

当时我想，有合适的工作就干，没有也别凑合。其实什么是合适的工作，我心里也没谱，不行就在家里继续补习功课，等等再说。一直等了差不多半年，我家门口的一家街道医院找到我妈说，医院可以给我安排个工作，我没半点犹豫立马去报到了。先在办公室干了几天，后来我和领导说想学点技术，就让我去了药房，抓药发药。

医院离我家几百米，从此，我开始了边上班边补习功课准备高考的日子。

我怀念院里那棵丁香树。我们医院叫福绥境医院，在一个非常漂亮的四合院内。现在大院早已拆除，在原址盖了一座楼，医院也改名叫做平安医院。原先医院大院天井里有棵丁香树，我每天早上在树下读书，背成语字典、数学公式、历代年表、人名地名，换算时差，等等等等，嘴里总是不停地嘟嘟囔囔，凡是能和考试挂点边的都在每天的功课之中。

医院的情况是这样的，早晨最忙的是挂号室，然后是内外

图4 作者在福绥境医院（今平安医院）药房工作时。

化验等各科室，等患者看完病以后就该药房忙了。所以我每天上班后总有一个多小时的时间可以复习功课，一看药房窗口排队的人多了，我就几个大步蹿进屋里换上白大褂赶紧干活。药房的同事都很照顾我，只要不太忙他们总是说——小吴，一边念书去吧。同事们照顾我鼓励我，还有来医院看病的患者也乐意帮助我们想要高考的人。一次我们几个小青年在药房里讨论一道数学题，题目好像是如何证明根号2是"无理数"。我没好好上过中学，哪知道什么"有理数无理数"的，别说那会儿了，就是现在我也不知道这是"神马"东西。我们几个人东一嘴西一嘴地不知道胡乱说了些什么，一个患者从缴费的窗口听到了我们说话（我们药房和缴费在一个大房间里），便走到门口敲门，说听见我们在讨论数学题,他说自己是某个学校的数学老师,可以帮我们解答一下,然后三下两下就给我们证明完了。后来我知道他是九十八中的数学老师,叫马骏。马老师了解一下情况后表示,如果有问题可以到他家去问。我后来也去过几次,他家里非常狭窄,还有几个应届生也在他家复习,看样子都是理科生。我在旁边听不懂他们在说什么,差距太大,不好意思跟他们掺在一起,再加上我对数学基本就是放弃的,后来也就没再去了,但我始终记得马老师乐于助人的善良与师德!

人家读过高中的叫复习,我们小学生学都没学过叫什么复习啊!那么多初高中的内容要在短时期内学会,自学太困难,也来不及,于是赶紧报名参加夜校之类的补习班。

自此,每天五点半下班后,赶到十多里地外的北京六十五中上补习班,九点多钟下课后回家吃晚饭,休息一会儿就做各种各样的卷子,语文数学地理历史政治,一般都是做到夜里两点睡觉。早上七点五十起床,八点上班。好在医院离我家很近,只有几百米。就这样暑往寒来一年多,终于等到了1979年,恢复高考制度后的第三次全国统考。

关于高考,这一年有两件好事儿。一是市里通知,单位给考生放假十五天准备考试,第二是分数出来以后再填志愿。

放假了十五天,其实就是准备冲刺了。不过那会儿高考好像没有现在这么大阵势。像这几年考场临边街上连汽车喇叭都不许按,小区装修都得停止,那会儿没这么多事儿。除了考生自己有点紧迫感,整个社会没那么敏感,神经兮兮的。其实临近考试的时候也没心思再复习什么,反正是什么水平那会儿基本上就已经定了。能休息好别生病就是了,但那几天天气特别潮湿闷热,很难受。关于填志愿,那事更不用想了,分数先够了再着那个急吧!

那时高考日期是7月7—9日三天,后来,因为大家反映那几天天气太热,所以才提前到现在的6月进行。

又盼又怕的那一天终于到了。考生们进了学校以后先在操场上集合,按照你准考证上的号码在相应的标牌下面排队。打眼望去周围一个人也不认识,都是比我小好多岁的中学生,叽叽喳喳地讨论一些

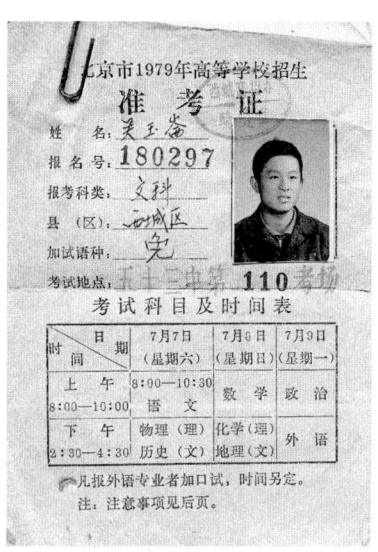

图5 作者当年的准考证

什么题,感觉他们说的我一点都不懂,越发觉着心里没底……

十多年没进过教室了,说实话真有点儿惴惴不安。我坐在第一排,把笔和准考证放在桌上,深呼吸,呆坐着。一会儿试卷发下来,扣在桌上。那学生课桌很小,感觉手脚都没地儿放。

铃声一响,考试开始,第一场考语文。我翻开试卷名字考号还没填完,奇怪的事情就来了。呼啦啦教室里进来好几个人,扛着摄影机。电瓶灯一开照在我脸上,天气本来就很热,感觉要被灼伤。我抬头看看怎么回事,摄像的冲我摇摇手示意别看镜头,做你的题。可我哪写得下去啊,哆里哆嗦半天没写出一个字。拍电视的走了,我半响才缓过神来,开始做题。补习时老师说了,不会做别憋在那,往后看把会做的先做了。

其实语文是我长项,静下心来以后做得很顺很快。但后面

图6 作者被北京广播学院录取后,在校门前的留影。

的一哥们做得更快,不停地听到他翻卷子的声音,我当时还想了一下,这人可真厉害。没成想刚过半小时规定可以离场的时间,他就交卷走人了。

第一场考试结束,回家吃饭,想睡会儿,哪睡得着啊,早早又奔了考场。后面一场接一场,没什么故事,就不写了。

第二天晚上中央电视台《新闻联播》播放关于恢复高考以后第三次全国高考的新闻,第一个镜头就是我考试的镜头。我

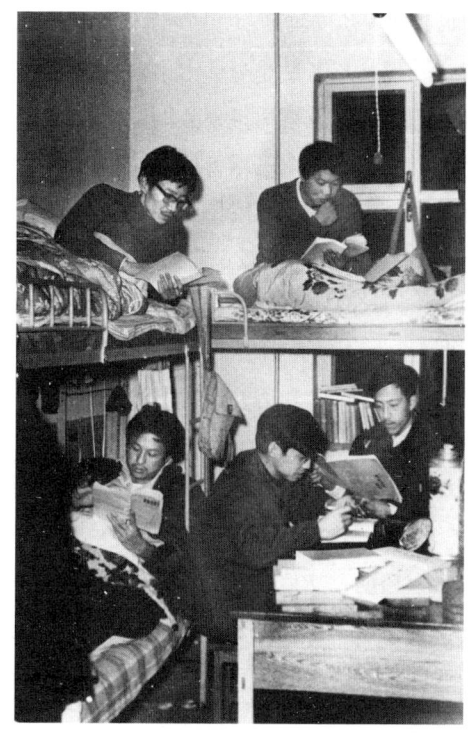

图7 校园生活一瞥

的家人、医院同事、朋友很多人都看到了,大家起哄地说:"小吴,你一定能考上。"

"命运"这个事真是说不清,大学毕业以后我进了电视台,人们都说当初全国高考那么多考场,一个考场那么多教室,一个教室那么多考生,怎么就拍到了你呢?

我也觉得奇怪,我们寻常百姓人家和新闻界没任何瓜葛,不但拍到了我,我后来还进了电视台,这中间果真有什么关联吗？这是命吗？我无法回答，谁知道呢！

刚才说过，那一年考试是分数出来以后再填报志愿。考生可以根据自己的高考分数来填报相关档位的学校，这样可以避免乱填志愿，影响提档录取。尽管如此，我还是乱填了一番，除了重点院校第一志愿填了广院，其他二三四几个志愿也都填了复旦中山厦大之类的重点院校，想想真的好笑。

1979年全国参加高考人数468万，录取人数28万，录取率约6%，文科重点分数线310分。我以超出重点线30分的成绩被广院录取。多年后才知道并理解"知识改变命运"这句话的真正含义，并不是一句话能说清楚的。录取率才6%，能考上肯定是幸运儿。看现在大学这么个扩招法，大多学生差不多好歹也有个学上了吧！但招的人多了，文凭的含金量也就低了。

进了大学以后的一切便比较简单了。外国的大学是宽进严出，我们正相反，学到多少真才实学不打紧，也不必担心，到时肯定能毕业。幸运的是那几年国家还管分配，而刚刚开始的改革开放，各行各业都需要大量的人手，找一个好工作单位才是大事。

几年的大学生活只干了两件正经事，一是为今后的职业生涯打下了专业基础，注意，只是基础而已，工作以后一切都要从头再来；二是认识了一位女同学，后来成了孩儿他妈！

我只参加过这么一次正经八百的考试，真正改变人生命运的考试。

需要强调的是，改革开放、恢复高考不仅改变了很多人的命运，同时他改变了国家和民族的命运，十年"文革"导致的人才断层至此才得以逐渐接续弥合，各行各业才能在这之后迅猛发展！

女劳动英雄胡让牛

韩 震

胡让牛（1927—2008），1945年1月出席晋察冀边区太岳区群英大会，被评为太岳区一等劳动英雄。时年十八岁。

一、十六岁的种地能手

胡让牛，原是河南延津人，自幼家境非常贫寒。母亲在家里纺线织布，父亲出门给人做短工，哥哥拾柴拾粪，一个姐姐已出嫁，还有两个幼小的妹妹。胡让牛九岁时，父亲去修铁路死在外边。1938年，国民政府为阻挡日军炸开黄河花园口，她的家被大水淹了。生活无计中，母亲就把二妹妹卖了，带着三妹妹改了嫁。而胡让牛由哥哥做主，被卖给了山西沁源县叫王胖牛的男人。

王胖牛原想是把胡让牛当闺女养着，但没过两年，王胖牛就病死了。1940年冬，王胖牛的弟弟又把不满十四岁的胡让牛卖到骡子岭（也做罗则岭）上的刘家，卖了两担五斗杂粮和一百块钱。收养胡让牛的刘家老两口共有七十亩山坡地、四个窑洞、两头大牲口，还有一头小牛、一头驴子，当时日子还算过得去。谁承想，1941年，日军在"扫荡"中抢走了家里仅有的口粮，老两口的生活重担一下子就落在了胡让牛身上。她每天不是学纺织，就是在地里学种庄稼。到1943年，十六岁的胡让牛长成高个子，干起活来有股蛮劲儿。

胡让牛辞了喂牛的小工自己干，单单夜里给牲口添料就要起来几回，但她坚持了下来，把牛喂得饱饱的。而且胡让牛会使牲口，耕地在天不亮就出工，到晌午太热了就和牲口一起下工，到半后晌凉快的时候再下地，这样牲口就不容易生病。为响应根据地政府"多犁多锄多上粪"的生产号召，心灵手巧的胡让牛学会用多种方法积粪，总结出了一套熏松毛毛粪的办法：先把松毛毛堆成一堆，周围再堆上些土，用火点着，上面再盖上层土，只冒烟就行了。6月间，她割了五千斤蒿草，都沤了松毛毛粪压在田里。收麦后，她就准备卧羊搞粪，把羊赶到地里卧了三天，又上了七百担松毛粪，胡让牛的地真是肥透了！

胡让牛干完了自家的活，就去帮助抗属家犁地。胡让牛给抗属寡妇家种的三亩谷，不光犁得好，还仅用了半升种子，人们都说她种稀了，谁知长出来却不稠不稀。那时，路上来往的行人都说，看见地里摇耧干活的胡让牛，挽着裤角，戴个草帽子，都以为是个男人，可是听到喊牲口的声音，才听出是个女人。

二、村里的农业生产带头人

1944年，胡让牛秘密入党，她的入党介绍人是村长。也是这一年，胡让牛耕种了四十亩秋地，共打了十二担谷、八担豆子、六担玉茭、三担糜黍、五斗荞麦、三百个南瓜、十二担山药蛋、十担白萝卜、二十斤葱、六斗麻籽、八担蔓菁，还晾了十斤烟叶。

从这些农作物的品种来看，就知道胡让牛多么重视种植品种的搭配与调剂，所以她家的生活过得好。

这一年收罢秋，闲不住的胡让牛想到：要用二斗玉茭才换一斤盐，吃盐真是太贵了。要是做点买卖赚点盐，就省钱多了。胡让牛说干就干，她就做了些豆腐和豆腐菜，去王勇（集镇的名字）赶集，一下子就赚了五百块钱。一年买盐的钱有了，家里还添了一些生活用品。南石村的人看着都眼馋，编了个顺口溜说："胡让牛，王八蛋，百件干（什么都敢想敢做的意思）。"

那一年，根据地政府号召百姓捐献抗战粮，胡让牛就捐献了二斗粮食。当时，南石村的老百姓还都很穷，都不愿捐粮。在村公所开会时，胡让牛带头发言："今年政府号召生产，鼓励生产，从前不生产，受饿谁管你们哩？现在开一亩荒，政府就给二斤小米，你们知道不知道，一亩地打下七八斗粮食，五亩地要打多少粮食！你们吃着政府给的小米，咋能不捐抗战粮！我是个女人还献二斗粮食哩！"一句话说得男人们都说："不要说了，不要说了！"于是你说"我献三斗"，他说"我献五斗"，一下子南石村就献了一百多担粮。

1945年1月1日至23日，太岳区在士敏县郑庄（今属沁水县）举行首届全区群英代表大会及战绩、生产成果展览大会。大会评选出全区杀敌英雄三十三名、劳动英雄五十二名、模范工作者十三名，其中，胡让牛以突出的农业生产成绩和突出的政治表现，被太岳区群英大会评为全区一等劳动英雄。大会期间，胡让牛披红戴花，坐在主席台上领受了根据地政府的表彰。大会奖给她锦旗一面、驴一头、香皂一块、笆梳一个，以表彰她的英雄事迹。

会后，根据地的新闻工作者采访了这位只有十八岁的青年

图1 胡让牛和丈夫刘景超与大女儿。1952年摄于云南大理。

女性,《新华日报》(北岳版)用很大的篇幅报道了胡让牛的事迹,根据地的绿茵剧团将她的光荣事迹编成了秧歌剧到处演唱。一时间,随着节奏分明的秧歌曲调,胡让牛的名字传遍了整个沁源县。

这次表彰大会结束后,胡让牛马上制订了1945年的生产计划:一、买十亩平地,种二亩棉花,保证把借的一斤金皇后玉菱子都种上,种半亩花生;二、保证再增十只鸡(现有九只);三、开十亩荒地,试验熬盐,每亩地上够四十担粪;四、组织农业互助组和纺织互助组;五、改造五个二流子,叫他们开三十亩荒地。

随着胡让牛在沁源县的影响越来越大,她的模范带头作用就更加突出。1947年10月23日《新华日报》(太岳版)以"在女英雄胡让牛领导下鹿儿回等村开始秋刹,姚壁村组织老人犁地小组"为题,做了如下报道:"上湾、鹿儿回等村三个

图2 胡让牛与丈夫刘景超和两个儿女。1954年摄于云南大理。

互助组九十五人,已分别在女劳动英雄胡让牛等领导下,从十月五日起,五天内已将全村六百多亩谷子割完,现已开始秋刹地。……如天不下雨,二十天即可全部犁完。"

三、沁源围困战中的女英雄

1942年11月,太岳军区正式发出"在党的一元化领导之下,依靠广大群众,广泛开展群众性游击战争,实行长期围困,战胜敌人"的命令,长达两年半的沁源围困战打响。

在这个时期,胡让牛不仅抓紧生产、多打粮食支援前线、帮助军烈属耕种，还亲自制造石雷，并把石雷运送到前线。为此，沁源当地的文艺工作者把胡让牛的事迹改编成快板书和秧歌，到处传唱。书云："第一区的南石村，罗则岭（骡子岭）上女英雄。带领妇女把石雷送，吃苦耐劳传美名。两人一颗抬不动，她抬上两颗一溜风。这个女人叫一什，胡让牛谁人不知情。"

也就是在抗战最艰苦的日子里，胡让牛结识了丈夫、战斗英雄刘景超。刘景超当时是一名连指导员，他是孤儿，童年时寄养在山西姨妈家里。十一岁时，刘景超加入了中国共产党和阎锡山合作发起的山西省群众性的抗日救亡组织"山西牺牲救国同盟会"下属的青年决死队，该组织以"铲除汉奸、武装抗敌、牺牲救国"为宗旨。后来，青年决死队被八路军整体收编。在山西屯留与日军的一次战斗中，刘景超背部中弹，伤及肺部，就在沁源一带养伤的过程中，刘景超与胡让牛相识。经组织介绍并批准，二人组成了革命家庭。

1949年2月，中国人民解放军第二野战军创办了一所女子大学（简称二野女大）。二野女大校址分布于河南巩县、偃师、新郑等地区，由总校和一、三、四、五等四个分校组成，先后共集中万余名妇女干部、家属儿童，进行了为期一年多的学习生活。胡让牛光荣地加入了二野女大。在回忆录《二野女大：中国人民解放军第二野战军女子大学的光辉历程》中，有这样一段记录："在二中队学员胡爱珍（又名胡让牛，是太岳区有名的女劳动模范）经常给住院老乡担水、抬水。有一次她买石板，已按价给了钱，走了好远，商贩追来说，卖时把价钱说错了，少要了两毛钱，她就按数补给了老乡，并做了解释。有一次打了老乡的碗，赔钱时老乡再三不要，她就送给老乡一个新短裤，以进行补偿。这位同志一贯注意群众纪律。"

图3 "文革"时期的胡让牛和儿女们。

    1950年初,胡让牛随丈夫刘景超所在的十四军一起南下,参加解放大西南的战争。十四军当时驻扎在云南大理一带,在那里的照相馆里,身穿军装的胡让牛和时任营教导员的刘景超与儿女们,多次照相。后来刘景超转业到地方工作,胡让牛也随之回到河南洛阳。1963年3月,刘景超因体内的弹片引发了肺部严重感染而去世,时年三十八岁。胡让牛一直定居在洛阳,一人抚养着五个子女,直到2008年去世。胡让牛去世后,洛阳市举办了隆重的追悼仪式,后经批准,胡让牛刘景超夫妻二人合葬于洛阳市烈士陵园。

王建浩与他拍摄的济南

雍 坚

2003年，我认识了两位济南市博物馆的退休专家：韩明祥先生和王建浩先生。现在回想起来，他们都是我成长过程中的贵人。韩先生引导我走上济南碑拓研究之路，王先生则为我打开了济南老照片的记忆之门。

韩先生是济南市考古研究所李铭所长介绍我认识的，退休前为济南市博物馆考古部主任，退休后被聘为山东省文史研究馆馆员。因为他所专注的墓志铭研究也是我特别感兴趣的，我们很快就成为忘年交。

王先生则是韩先生介绍我认识的。记得当时韩先生给我打电话，说他有位同事对瓦当很有研究，但身体不好，想找个助手协助他整理文字，将来结集出书时可联合署名，问我愿不愿意。因为这个原因，我专程去拜望了王先生一次。

记得王先生当时住在闵子骞墓园北侧的平房中，家中没有什么像样的家具，与我预想中的专家之家差别不小。因为中风，王先生当时行动不便，说话时口齿稍有含糊，但大致能听得清楚。王先生的妻子李桂英一直很悉心地照顾左右，对人十分热情。那次拜访，考虑到王先生的专著记述一事工作量很大，而

图1 1958年冬,王建浩、李桂英结婚一周年在大明湖合影。

报社工作又紧张,我委婉地表示自己难当此任。和王先生合作之事虽然没成,但那次拜访让我知道了王先生的专长,他长期从事济南古建筑的文物修复工作,对济南各处历史建筑都如数家珍。当年5月,我在采写西郊峨眉山古建筑稿子时,还专程到王先生家去请教峨眉山古建筑的变迁,同时翻拍了王先生60年代拍摄的峨眉山老照片并刊发在报纸上。这次拜访后,我隐约感觉到,王先生曾经拍摄的济南老照片应该还有不少。

2007年，我主创了《生活日报·老济南》专刊，每隔二三周出一个济南历史文化专题。这个专刊在读者中好评不断，我也就老牛拉车般上了套，往往是采着这期就得准备下一期。当年底，我想到了王先生的老照片，它们可不可以出一期图片专刊呢？去拜访王先生时，他已经搬家到玉函路文化局宿舍，住宿条件改善很多。不过，由于病情加重，见面时，我已经不能和他直接交流，需要李阿姨在一旁翻译。得知我要给王先生出一期专题报道后，李阿姨把柜子里的五六十个老照片档案袋全都搬出来让我挑选，每个大档案袋里往往又套装着若干装有相片或底版的信封、底版袋。那个壮观的场面让我一时不知如何

图2　20世纪60年代，济南城内将军庙街的将军庙（该建筑无存）。

图 3 20 世纪 60 年代，济南西郊峨眉山文昌阁（约 90 年代倾圮）。

下手。李阿姨又拿出一个手写的编号近百的目录，这是王先生病重前，夫妻二人合作整理照片档案时形成的。在这张纸上，正觉寺、星宿庙、安阁寺等很多消失多年的济南庙宇建筑历历在目，令我激动不已。看到很多档案袋里照片被取走只剩下了底版，我就提出，由报社出费用（实则是我个人垫付），把我选中的底版拿到照相馆去扫描成电子版，然后再选择以备刊发的照片。考虑到底版金贵，我是多次登门一组组拿去扫描的，因此拖拖拉拉进行了一个冬天，直到 2008 年春天，翻拍和扫描的照片有了三四百张，我感觉所挑照片在数量和品种上都足够丰富了，于是推出《老济南·绝版庙宇》专刊。给一个人的摄

图4 20世纪60年代,王建浩先生考察大佛寺遗址,在齐鲁第一大佛前留影。

影作品刊发五个整版的专题报道,这在《生活日报》报史也算是破了纪录。专刊推出后,反响相当好,有多位老济南给报社来电,希望再多买几份报纸送给亲友存念。这期专刊,也是王先生的摄影作品首次在报纸上批量推出。去给王先生送报纸时,坐在轮椅上的他冲我直挑大拇指,虽然我听不懂他说些什么,但能看出,他眼中的激动和欣慰。

2009年,《生活日报》与济南市档案局(馆)、济南市青少年宫等单位联合发起"回眸60年·泉城记忆"民间档案有奖征集及展览活动。我协助李阿姨精选了六十张王建浩先生拍摄的济南老照片参展。此次征集展览活动共设一二三等奖五十个,王先生的那组济南老照片无可争议地荣膺一等奖(一等奖仅两个)。

2011年,王先生溘然离世,享年八十岁。我是到年底才知道这一消息的。李阿姨说,遵照王老师的遗愿,后事一切从简,所以没有通知你。我默默地点头,向坚强、善良的她表达由衷

图5 20世纪60年代的济南安阇寺,今已无存。

的敬意。从中风到去世的十多年时间里，王先生的晚年是幸福的，而这一切，离不开妻子不离左右的悉心照顾。

王先生走后，我逢年过节都去看看李阿姨，或者不定期打个电话问候她一下。后来知道李阿姨喜欢看报纸，每年元旦前，我都会给她订上一份全年《生活日报》。一来二往，李阿姨都不拿我当外人了，在和她的攀谈中，对王先生的个人生平我有了更多的了解。王先生是山东桓台人，生于1932年，1948年参加革命，华东军政大学毕业，先后参加过解放战争和抗美援朝，济南市第四、六届政协委员。1955年他转业到文化部门，1958年参加济南市博物馆建馆，为三人领导小组成员之一。先后主持国家级重点文物保护单位神通寺、四门塔、龙虎塔、千

图6　20世纪60年代的济南府学文庙大成殿，该建筑于2005年落架重修，殿前中规、中矩亭今夕差别较大。

图7 20世纪60年代的历城县学文庙奎星阁(文昌阁),今已无存。

佛崖的修复工作,参与并协助灵岩寺、千佛山佛像的维修修复工程,20世纪60年代至90年代的《文物》《考古》等国家级核心期刊上都能找出数篇他发表的论文。修复、研究古建筑的同时,王先生做的另一件重要事情就是,用相机记录古建筑风貌。这在当时一半是出自工作需要,另一半则是出于个人爱好。

"摄影穷三代,单反毁一生"是当代摄友们自嘲的一句流行语,在这句话出现前的几十年间,李阿姨已对此深有感触。"当年你王老师工资只有三十多块钱的时候,他每月只给我九块钱用于家用，其余的钱多数都买了胶卷。"李阿姨说，那时候出去拍照都是骑自行车，逢星期天，她也常常和王先生一起带着干粮出去考察和拍照。有一次两人骑车去灵岩寺，一百多里地，又是大上坡，回来时天都黑了，"骑到段店我就怎么也蹬不动了，就坐在路边哭。"

2014年下半年，《生活日报》与历下区明府城保护与改造工作现场工作室、山东洋格文化发展有限公司联合发起"再现明府城"济南老物件老照片征集活动，其中，老照片征集项目组的组长由我担任。此时，我又想到了王建浩先生拍摄的老照片。于是与李阿姨协商，利用这次征集活动，把先生生前拍摄的所有照片、底版全部电子化，然后再细致分类和遴选出明府

图8 20世纪60年代的正觉寺大殿（今已无存），该建筑1956年曾被公布为山东省第一批文物保护单位。

图9　20世纪60年代前期，玉函山摩崖造像被破坏前的照片。

城需要的老照片。李阿姨欣然同意。于是从2016年春节前开始，我将王建浩生前拍摄的照片、底版分批次搬回家中，利用新购置的底片扫描仪进行扫描。王先生毕生拍摄的照片是海量的，因此这一扫描工作堪称工作量史无前例。加之底版扫描不同于照片扫描，一张120底版有时要四五分钟才能扫描好，而每次只能扫三四张。记得有半年多的时间，我差不多是天天扫描到深夜，直到腰酸背痛坚持不住了才关掉扫描仪。

最后在电脑上统计一下，总共有近万张图片文件，我把每一组（卷）照片设为一个独立文件夹，共有数百个，比此前王先生夫妇二人整理的目录还要丰富得多。这些照片上起20世纪50年代中期，下至90年代中期，最为珍贵的是60年代中前期密集拍摄的济南古建筑和老街巷照片，因为在接下来的"破四旧"运动中，很多寺庙宫观及内部塑像都面目全非或一去不返。因此，这些影像都堪称绝版。令人深深钦佩的是，王先生不仅拍遍了济南市区范围内的名胜古迹，而且还几乎拍遍了济南郊野古迹，从西郊的幸福寺、峨眉山，北郊的鹊山、马鞍山到东郊华阳宫、龙洞，南郊的玉函山，从长清的五峰山、四禅寺、

图10　1963年复原维修后的九顶塔。

图 11 1965 年，济南东郊圣佛寺院村村民在修水渠物色石料时挖出北魏崔令姿墓，所出土的墓志铭迄今仍是济南现存最早的。

莲台山、灵岩寺、大峰山，到历城的云台山、神通寺、九顶塔、锦绣川、黄花山，再到章丘的锦阳关、赵八洞、三清观，都被他用相机一一定格。很多文物古迹，他都是多次去拍摄，记录下了不同时期的不同风貌。

由于时间久远，同一档案袋中往往会混进其他内容的底版或照片，我不得不一一甄别，修改说明，再合并同类项。工作不忙时，打开电脑细细浏览和甄别王先生拍过的每一张老照片，成了近年来我的业余生活新常态。每次做这件事时，王先生骑着单车去四处考察济南名胜古迹的身影便会不觉中浮现在我的眼前。20 世纪 20 年代，日本学者常盘大定和关野贞曾对济南市区及郊野的寺庙祠观进行系统考察和拍摄,在他们合著的《东亚文化史迹》中,为世人留下了一组珍贵影像。如果没有他们俩,今天的世人是看不到民国济南的很多名胜古迹风貌的。而王先生在六七十年代对济南名胜古迹和老街巷的自觉拍摄也是独一无二的,并且远比两位日本学者拍摄得丰富和全面,如果没有他频频按动快门,很多济南老建筑、老街巷的历史风貌将不能传世。

值得一提的是,"文革"期间,出于一次工业展览的需要,王先生还分别拍摄了灯泡厂、服装厂、皮革厂、棉纺厂等济南市区四五十家企业的照片,虽然档案袋中的照片多数因展览被取走,但所幸原始底版都保留了下来,经底片扫描仪扫描,当年的影像全部苏醒。鉴于这些老国企不少在关停并转中业已消失,这批当年因展览而拍摄的照片同样显得弥足珍贵。

图12　20世纪70年代的南全福庄马国翰祠堂(2002年拆除)。

图13　1973年，四门塔维修人员在塔前合影。

2018年底，中国文史出版社正式出版了笔者领衔主编的三卷本丛书《济南图记》。此书现代卷收录的一百二十张1949—1979年间的济南老照片，有百分之八十为王建浩先生拍摄。它们多数都是第一次公开发表。2019年春节长假期间，借《济南图记》新书出版之契机，明府城·百花洲片区同时举办了"王建浩先生摄影展"，闻讯前去观展的老市民络绎不绝。

是王建浩先生让老济南从历史中醒来，济南人不该忘记这样一位非专业的专业摄影人。

湘南风情今何在

王 平

山东云志艺术馆素以收藏珍贵老照片而闻名。其中有一批湘南风情照片,颇为罕见,乃为一百二十余年前,由一位叫柏生士的美国人拍摄的。

柏生士(Parsons, William Barclay, 1859—1932),美国著名土木工程师。先后任科德角运河设计总工程师、沃思堡和格兰德铁路总工程师。1898年由美国合兴公司(American China Development Co.)委派,以总工程师名义率铁路工程人员来华,测量汉口至广州的地质、地形,为建造粤汉铁路之先驱。其时湖广总督张之洞尤为关注此事,整个考察期间,还特派一支武装卫队全程予以保护。

这位相貌儒雅的瘦高个子美国人作为总工程师,率领一队美国同行,携带大量测绘器材,或乘船,或徒步,风尘仆仆,翻山越岭,用了一年多时间,跋涉近两千公里,详细考察了当时鄂、湘、粤三省的地形、地貌、地质、路桥等现状,为建设中国的粤汉铁路付出了巨大的努力。尤为难得的是,柏生士沿途还亲自拍摄了大量风土人情、城镇村舍等照片,这批珍贵的湘南风情照片亦包含其中。

考察完成之后未过两年（1900年），柏生士便出版了《一位美国工程师的中国行纪》一书，可见他对此次考察是何等重视。

"这次旅程既有其有趣的一面，也不乏艰难困苦，并有着相当大的个人风险。"在书中，柏生士印象深刻地写道，并且认为在为期一年多的艰苦考察中最富于挑战的部分，是在湖南省境内。"测量过程中途经的地区尤其令我感兴趣，因为我们穿越了湖南，这个中国最不为外人所知的省份，并借此机会——也获得官方的认可——得以进入长沙，这个至今尚未对外国人开放的中国大城市。"

衡州府书院（即衡阳石鼓书院）
　　位于衡阳城外蒸水与湘江汇合处，为中国古代四大书院之一。始建于唐元和五年（810），抗战时期毁于日军炮火，2006年重建。

耒阳泗江书院，耒水

泗江书院尚存。耒水，衡阳地区第二大河流，亦是湘江最长的支流，总长453公里。风景秀丽，素有"赛漓江"之称。

去郴州路上，向北拍摄

一条小路蜿蜒至山下。有数位农人扛着木料走近，可能是往山间去盖幢小屋吧。湘南多丘陵，想必山也不会太高。极目远眺，阡陌纵横，山林葱秀。

折岭关，向北拍摄

　　位于郴州与宜章之间，乃耒水和北江西源武水之分水岭。为毛泽东诗句"五岭逶迤腾细浪"中的五岭之一，向为湘粤之间的重要通道。后粤汉铁路通过其东侧。

苏仙岭附近，1173导线点，向北拍摄

　　位于郴州地界，有"天下第十八福地"之誉。此照片拍摄于苏仙岭某村口，大晴天，有小孩在土砖墙下晒太阳。左侧建筑有飞檐和立柱，正前方还有块空坪，看去像座戏台。

确实，在当时清帝国的十八个省份中，湖南属最排外的省份，且是唯一从未有过外国人来进行考察，亦未在地图上作出标示的省份。在柏生士访问中国之前，已经有不少外国人对考察湖南做出过诸般努力，却无一例外地碰了钉子。可以这样说，柏生士是第一个打着小国旗进入湖南境内进行正式考察的美国人。并且中国铁路总公司督办大臣盛宣怀还特地派他的顾问工程师里奇，以及两位在美国留过学的秘书吴应科和罗国瑞随行。

大滩，桂水

　　大滩，隶属桂阳县桥市乡。《水经注·钟水》："桂水出桂阳县北界山，山壁高耸，三面特峻，石泉悬注，瀑布而下。北径南平县，而东北流届钟亭，右会钟水，通为桂水也。"

大门沟附近的激流
大门沟地名待考，推测应处于耒水一拐弯处。江心小洲岸边泊有渔舟。成群的帆

宜章，向南拍摄

俯拍。右下方近景乃一座规模较大的三进庙宇。按型制，居中者应为大雄宝殿，左右两侧还有厢房。右前方远景屋宇众多，鳞次栉比，应该是宜章县城吧。再远眺，即为广东省地面了。

因此，柏生士这次考察，进行得相对全面与深入。这在《一位美国工程师的中国行纪》一书亦能明显感受得到。

再让我们来看看云志艺术馆收藏的这批珍贵的湘南风情照片吧。

这批照片共计六十余张，均附有英文地名或简略的方位记载。即便仅从纯粹的风光照片而言，几乎每张都堪称佳作，更何况历经一百二十余年的沧桑以后，大多照片中的景象如今早已面目全非，甚至已不复存在。稍有遗憾的是，所藏照片缺少从鄂入湘至岳阳、长沙、株洲等重要节点及延伸地段的内容，仅从衡阳起往南至宜章地段,接近广东止。缺少的部分,只能暂付阙如了。

但即便从衡阳往南至与广东交界处,亦有三百多公里路程,基本涵括了湖南南部所有地区。且绝大部分照片乃是沿水路拍摄,沿途风貌,尽收眼底,颇具湘南风情特色。囿于篇幅,且选其中若干张照片与读者诸君共赏。

作为一名接受过系统专业训练的土木工程师,柏生士勘

宜章,向西拍摄

地道的湖南古典农村风貌。收割后的稻田里,有马匹在吃稻茬。整洁的青砖黑瓦农舍,树上的鸟窝,显得宁静而且安详,毫无凋敝气象。远景为起伏的丘陵。

测确定了最初的粤汉铁路的路线。尤其在湖南境内勘测的路线——今天被称为"柏生氏线",为中国后来的铁路建设留下了宝贵的资料。柏生士还找到了当时南岭山脉上更低的隘口,亦即"柏生氏山口",使得后来翻山越岭的村民省去了不少时间与脚力。

在湘粤交界处,柏生士告别湖南之时竟有些恋恋不舍。虽然在穿越它的旅途中曾经忧心忡忡,但事实上,他一路都受到了官方与百姓宽厚的礼遇。

深入湖南腹地的考察,亦让柏生士看到了湘省的巨大价值。仅湘南地区,沿规划的铁路线三百多公里长、一百多公里宽的地底下,蕴藏着三条甚或更多的煤矿脉。柏生士在他的《一位美国工程师的中国行纪》一书写道:"只要我们稍稍展开想象的翅膀,就能看到在未来,满载着乌煤的火车隆隆地往北驶去,为将在华中地区建造的高炉和纺织厂提供动力,将矿石炼成金属,或将棉花、羊毛和大麻之类的原料制成贸易商品;我们还能看到满载的列车南下驶往广州或香港,为各国的轮船提供蒸汽,把其他国家的优质产品运到中国,把中国的茶叶和丝绸运往世界各地。"

然而令人不无遗憾与伤感的是,一百二十年前柏生士镜头里的湘南风貌,那些宁静且安详的山水与田园风光,而今安在?

(照片由云志艺术馆提供)

回忆父亲梁显东

梁 军

父亲在我们姐妹心中永远是那个伟岸的、慈爱的脸上充满着笑容的和善的老爷子。

我家历来慈父严母。妈妈比父亲小八岁，性格刚烈。对我们姊妹严格管教，稍不服管，直接棍棒加身。父亲母亲是那个年代那一代人典型的婚姻解放的结合。父亲年轻时在农村老家有一个发妻，并且育有一女。全国解放前，父亲因组织安排要率队南下，毅然回家与发妻办理离婚手续，理由是自此不知生死，不知时间长短，若继续保留这个婚姻，对双方都是不负责任。听妈妈说她参加革命时还是个懵懂少女，而父亲俨然是老资格的老革命了，没有想到忽然有一天，她的一个直接上级征求她对我父亲的看法，并且说做介绍人让她与我父亲结为夫妻共同南下（结婚据说有好几个版本）。后来妈妈说，她都没反应过来就被一个通讯员骑着自行车拉到区里，当晚撒了一些喜糖然后就稀里糊涂地进了"洞房"。晚年每每回忆到这个过程，开心的时候自然是咪咪笑着说我那时年少无知，被你们骗了；不高兴时则大为光火说你们合起伙来"欺负少女"，真是后悔这个婚姻。父亲则每次都是不予理睬。只有一次说如果不是因为当时准备南下不能带家属,他是不与发妻离婚的,由此激起了妈妈更大的火气。不过我们真的从来没有看到当今还有这样的举案齐眉的夫妻了。几十年来妈妈尽管有着自己的事业,她是十五岁入党的青妇队长,新中国保送的第一批读书至大学本科毕业的大学生,作为先后在教育系统任职的老干部,在家里对我的父亲照顾得无微不至。我父亲一辈子从未做饭做家务。我们姊妹几个都是妈妈和爷爷奶奶以及姥姥带大的。小时候只记得父亲每天工作到很晚回家。早上我们还睡在梦里,感觉到父亲温暖的大手的抚摸,努力睁开惺忪的睡眼喊着爸爸,然后父亲就出发了,我们则继续着梦境。父亲和妈妈永远是轻声细语地讨论着各种我们不懂的问题,现在想想话题从政治到经济

图1 1949年威海解放,父亲母亲和战友们在威海市政府门前合影。前排中间的是妈妈,后排"装作"看报纸的是父亲。

图2 1953年的父亲和1956年的妈妈。那时他们在济南。父亲在省委工作。2000年后照相馆把他们PS在一起的。那时的父亲还有比较浓密的头发。妈妈年轻时像明星。妈妈穿的棉衣是自己做的。

到文学。虽然妈妈是大学中文系本科毕业的,但是对爸爸的文学造诣却非常钦佩。经常说别看你爸爸上学不多,读书却真的不少。走过那些艰难岁月,他们从来没有争吵过,都是父亲的决定妈妈无条件支持,一直延续到他们晚年。

听妈妈说父亲本来兄弟三人,他是长子,我的亲奶奶应该是那个年代缺医少药生病死去的,那时父亲十二岁。两个弟弟失去了母亲的照顾,都没能活下来。我爷爷为了生计只好外出扛活,把父亲寄养在亲戚家里。好在送我父亲读了几年书。在亲戚家的日子自然失去了父母的宠爱和自由,父亲小时候备尝了寄人篱下的滋味和生活的艰辛。在他十六岁的时候一个人只身跑到了东北求生存。初去大连只穿着一条单裤,东北寒冷的冬天冻坏了父亲的双手和双腿,他的手上和脚上一直有冻疮的伤疤。

听父亲说,那时东北已经是日本人的地盘了,他目睹了日本人怎样欺压中国人。他在一个日本人的工厂里做工,一天一个鬼子进来,不知道因为什么不高兴了,嘴里"八嘎八嘎"地骂着,没等父亲反应过来,一个巴掌扇过来,打得他口角流血,眼冒金星,打完了父亲又接着扇其他中国人的耳光。当晚,几个工友一怒之下竟然合伙弄死了一个日本人。父亲被工友藏在垃圾袋子里运出了工厂后,偷偷跑回了家乡。他给我们讲这个故事的时候风轻云淡,可是当时是怎样的一个惊心动魄呀!

1943年正是抗日战争最艰苦的时候,跑回家乡的父亲听说共产党是真正抗日的队伍,就一边打工一边打听共产党的消息。终于来到了共产党的根据地,经介绍加入了革命队伍,后加入了共产党。参加革命后他在武工队工作,乔装深入敌占区,秘密发展地下党员和武装力量。那些年他们打鬼子,端炮楼,宣传发动群众参加革命队伍,不断扩大根据地,直至解放。

父亲离休后思乡心切,在他身体还许可的情况下几乎每年都让我陪他回家乡。几次我开着车载着父亲沿着蜿蜒的公路绕过一些山坳,父亲不时命我停下车,站在路边默默眺望远方,有时候指着一片丘陵和山豁,说那个地方曾经打过一个大仗,牺牲了好多人。有时候到了一个村庄,他说我曾经从这里带走三百多人,后来活下来的只有两个人,随后有一声深深的叹息咽进胸中。记得有一次在文登,他执着地非要去见一个老战友不可,说是多年没有联系了,一定要见一面。沿着窄窄的小巷,在一个大门口站立着一个佝偻着腰的老人,父亲一步跨上去双手紧紧握住,两位老人热泪长流。那是战争年代少数活下来的

图3 1957年姥爷（右二）来青岛治病，那时还没有小妹。这是爷爷奶奶姥爷姥姥和全家一起。

过命的兄弟呀！

有一次，父亲和妈妈回忆起他们的一次历险。那天区队干部们正在村里开秘密会议，不知怎么走漏了消息，会议进行中村头传来枪声，得知鬼子进村了，他们约好突围后的集合地点，就一边射击一边向山里后撤。密集的枪声中一些同志倒下了，

图4 1959年妈妈和三个妹妹一起。那时她们在青岛，我是1956年被送到威海姥姥家。直到1964年回到青岛。

活着的跑进了山里，最后检查减员的同志，其中有一位怀孕临盆的妇救主任，估计跑不动牺牲了，大家都很难过。没想到几天后这个大肚子孕妇竟然摇摇晃晃地回到集合的村子。在同志们的惊喜中告诉大家，她刚撤进山里就被鬼子追上了，正当鬼子哇哇叫着端着刺刀上来的时候，她脚下一滑滚落到山崖下草窝里，浓密的深草遮住了她，一块巨大的岩石挡住了鬼子的子弹，后来鬼子搜了很久才悻悻撤走了。夜里她一个人从草窝里爬出来找到乡亲掩护起来，直到几天后才找到队伍，令人惊讶的是除了浑身擦伤外，肚子里的孩子竟然安然无恙。父亲八十多岁时，我陪他出席一个战友的葬礼见到了那个传奇的妇救主任，也见到了那个从鬼子枪下随着妈妈肚子滚落山崖结实活下来的孩子，已经是个六十多岁的老太太啦！

新中国成立后，父亲先是在威海市委，不久调到山东省总工会。他生性倔强，不愿意盲从和媚上。从定级开始，领导说你是干部科的负责人，给大家做个榜样吧，行政级别少定一级，父亲毫不犹豫地答应了。他说那时干革命把脑袋别在裤腰上，牺牲了那么多同志，活下来的应该努力工作不要计较个人得失。他也确实这样做的。可是后来他发现，那些动员他下调级别的人自己却不择手段地往上调，于是对这些人感到很不齿，终致自己被排挤。"反右倾"时，上级领导下达了指标，让他在负责的单位打出不少于多少的"右倾分子"，他坚持说我们单位没有那么多右倾，于是自己却被打成了"右倾"，被下放到青岛工人疗养院工作。

对我妈妈来说倒是正好，因两地分居，妈妈自己带孩子实在太辛苦。妈妈的观点是干革命管什么级别高低，活过来就赚着了。那时是供给制，家里的所有家具桌椅板凳、床啥的都是单位配给。搬家时自己的物品用床单一裹就搬走了。父亲来到青岛后，又延续了他拼命三郎的工作精神，一个对医学领域完全是零基础的干部，竟然带领全院的医护人员研发出治疗结核病这种顽疾的办法，须知当时还没有治疗结核病的特效药，肺结核就是俗称的"肺痨"在当时尚是不治之症，因此父亲在1959年登上了北京天安门建国十周年大庆的观礼台，参加了国宴，受到了毛主席周总理的接见。那时的会议邀请函和徽章，父亲一直保留着并作为传家宝交给了我。

"文革"开始时我们还是"红五类"，革干子弟，红袖章戴着还是蛮神气的。那时我上初中二年级，几个妹妹还小，特别是小妹妹刚上小学。有一天放学回家。突然惊惧地发现整个宿舍楼上铺天盖地贴满大字报，黑色和红色的字体粗细不等，大幅标语从三楼垂下来。"打倒走资派梁显东！"黑色和猩红色的大字像滴着丑陋的血迹，在一派肃杀中飞舞。我们被惊呆了。一向让我们尊敬引以为傲的父亲，现在竟然成了批斗对象。我们姊妹也一下子从云端跌落到尘埃。

在儿时的印象中，妈妈从来没有给过我们笑脸。她总是每天忙忙碌碌上班下班和做着家务，她拉长着脸对着一切，除了父亲。这种影响伴随着我们姊妹的一生，至今只要妈妈要发毛，妹妹们立刻有瑟瑟发抖的感觉。后来妈妈说那时每天揪着心过日子。父母的个人存款和工资全部被冻结，全家靠爷爷在工厂做工三十几元生存；家里几次被抄，所有供给制的家具全部被搬走，好在没有被赶出房屋。那真是家徒四壁，我们用秋天捡拾的干草铺在地上就是床铺。只要我们一出门，被骂被欺负是再正常不过，记得一次小妹妹哭着回来说被邻家的男孩子打了，我是跟着姥姥在农村长大的野孩子，天不怕地不怕的拼命三郎，在父母亲无暇顾及我们的时候，我就是妹妹们的保护伞和主心骨，当听到妹妹被欺负的消息后，我愤怒地跑出去追着这帮男孩子拼命，俗话说"横的怕不要命的"，他们竟也怕玩命的，从那以后我们姊妹的境遇稍微好一点了。

父亲经常被造反派拖出去开批斗会，逼他承认自己是走资派，父亲一直用沉默作答。据说造反派为了抓住父亲有啥把柄，派出各路人马把他的经历反复查了多少遍（我之所以还能找到父亲的人生轨迹，很重要的是看到他写的交代材料，而且每项经历都要注明证明人），查了很久也没有查到啥。沉默的父亲经常晚上带着揉满尘灰的帽子回家，以遮掩被打肿的脑袋和身上的伤口。

  一天夜里两点左右，我在梦中被一阵喧哗惊醒，家里大门被撞开了，一群人挤在走道里喊着要揪父亲去开批斗会，我的妈妈，勇敢的妈妈堵在卧室的门旁，手里抓着一把剪刀，剪刀刃正对着闯入的人，大声呵斥道："批斗会要开放在白天开，今晚谁要拉走梁显东就从我身上踏过去。"喧哗中我们的一个邻居过来了。这个邻居是个海军军官，他穿着戎装从人群中挤

  图5 1966年冬天，二婆从威海老家来青岛，那时每个人都胸缀像章，妹妹们揣着"红宝书"。

图6 这是1971年被"解放"后全家在青岛的合影。妈妈当时患胃病非常瘦，现在才知道是长期的焦虑和压抑造成她的胃病。

了进来，没有说话，只是摸出一支烟，点燃后在我父亲房间门口站住了，直接面对着那帮要拉走我父亲的人。那时军人的权威是无上的，这帮人相互觑了觑，最后不情愿地退了出去。

父亲"文革"中三次被起用，三次被打倒。每次只要起用了就又顾不得家了。记得1970年青岛市体育场因为观看跳高运动员发生了严重的踩踏事故，几十个人被踩踏致死。父亲当时在药材批发公司工作，傍晚路过家门口进来看看孩子们都在，就匆匆离开了。那晚和后来的几天他都没有回家，一直在指挥调配全国的各种急救药品。

父亲有一辆专用的吉普车，司机师傅是一个很忠实的中年人，几次父亲外出我们正好有事出去，司机师傅提出一起载着

图7 1978年父亲终于彻底"解放",在青岛中山公园父母一起开心地合影。

吧。父亲坚决不让。我们姊妹就从来没有坐过父亲的汽车。他说这是公家给他配的,我们没有资格坐这个车。那时按照规定单位可以给父亲安装一部家庭电话,他竟然直接让安装在宿舍楼的传达室,让所有的职工都能使用这部电话。父亲这种不谋私利的作风有时候似乎不近人情。我的小妹妹1976年下乡后得了严重的疾病回城,父亲没动用任何关系为我妹妹安排工作,却为了一个老工人孩子的安置冒着大雨到处托人。

由于战争年代严酷的环境和繁重的工作,父亲有时候一个星期不能睡觉，以致得了严重的神经衰弱。三十多岁时一头浓发全部脱光。记忆中的父亲一直是光光的秃顶。从三十多岁开始六十多年一直依靠各种药物入睡，直到去世。晚年的父亲和妈妈相伴，离休后一直居家，有很多人来请父亲出去工作，母亲都坚决不让，理由是我们的生活费够了，得保证身体健康，实际深层的原因是妈妈认为商场尔虞我诈，不想让父亲参与进去。父亲赋闲在家后，父亲的第一个女儿、我们同父异母在省城工作的大姐和姐夫，每年都携儿带女来青岛看望老爷子，其乐融融。虽然父亲注意养生保健，每天外出行走锻炼，逍遥自在，但还是在六十多岁后由高血压心脏病发展到肺心症，基本要靠频繁地住院和治疗维持生命，八十多岁后渐渐出现了老年痴呆的症状，开始变得不讲道理，像个小孩子一样和妈妈争吵，有时候为一点很小的事情，两人闹到了水火不容的地步，后来才知道这种性情大变是老年痴呆的表现。记得有一天我忽然接到父亲电话，要我立即赶回家，到家后发现两位老人一人在一间房屋，父亲向我数落妈妈的各种不是，结论是这个日子没法过了。然后我去另一个房间，妈妈委屈地向我诉苦，说父亲为一点鸡毛蒜皮的事情和她吵架。我劝了老妈劝老爸，咋样都劝不好。父亲说着说着突然说要离婚。我看了看两位正在火头上的老小孩，大声说你们离不了，父亲问为什么，我说你们没有结婚证。老两口愣住了，面面相觑，然后相互对视，莞尔笑了。

父亲最后几年耳聋听不见声音了，配了最高级的助听器也不行。当我们姐妹们笑着谈论家长里短的时候，父亲高兴地坐在那里看着我们说笑，我们笑的时候就和我们一起大笑，尽管他不知道我们为啥这么高兴。

父亲九十岁的时候在路边遛弯跌倒摔坏了股骨头，做了骨

图8 2015年抗战胜利七十周年纪念日,父亲在青岛接受纪念章和慰问金。虽然那时他已经病重不能下地了,但是依然非常开心!

关节置换后两天就站起来了,然后每天顽强地推着助行器走路。从医院回到家里每天到院子里散步,看着邻居的孩子跑来跑去,看着我们和邻居的孩子亲热地说话打招呼。遗憾的是后来父亲的伤腿发生了血栓,在家里又摔倒造成脑出血,从那之后几乎在床上下不来了。

2016年1月,那是个非常寒冷的冬天,腊月里父亲因感冒肺炎在医院住院治疗,后来一直坚持要出院回家,三妹陪着父亲回到家里,父亲很高兴地在妹妹的搀扶下在屋子里到处转,后来在餐桌旁坐下来,告诉妈妈说明天威海会派人来接我。妈妈开玩笑说威海你那些老战友老同事早都不在了,谁会来接你呀,父亲很认真地说都说好了。这么多年了,父亲这句话一直像谜一样萦绕在我心头。

那晚,父亲咳嗽加剧,半夜三妹打120把父亲又送到医院急诊室。两天后父亲在医院病逝。临终抢救时医生询问是否要插管和侧切,我们尊重妈妈的意见不做有创抢救,父亲安然离开。父亲差一个月九十三岁。

父亲离开我们五年了。很长时间我处于恍惚之间。有时候在马路上远远见到一个老人拄着拐杖踽踽前行，眼泪就无法抑止地流下来，每思父亲，心疼如绞。直到现在才能比较平静地回忆父亲生前的点点滴滴。

又是清明，捧着象征思念的白色和黄色的菊花，霏霏细雨中一步一步走向父亲的墓地，报告妈妈和孩子们的各种喜事和困扰，祈求父亲给我们答案和指导。风萧萧，雨蒙蒙，山不语，海无波，茫然四顾，那个生我养我的亲爱的父亲在哪里……

满山的树绿了，草发芽了，早春的迎春花开了，父亲那么喜欢花儿，在这青山绿水中有花儿陪伴，面朝大海，有我们的无尽思念，亲爱的父亲没有走远，永远永远活在我们的心中。

·书讯·

费县记忆

吴继贵　著

山东画报出版社　2021 年 8 月出版

定价：198.00 元

　　全书分为生存、生产生活、生命三部分，分别侧重从土地、日常劳作、人物群像方面，用影像叙述费县县城的光阴故事。作者吴继贵是土生土长的费县人，他用平实的摄影镜头和深沉充沛的感情基调，记录了二十世纪六七十年代至今的费县县城的巨变，塑造了勤劳质朴的农民群像，展现了人民群众成长发展的奋斗历程，引起了人们对悠悠岁月往事的深切怀念，也是新时代沂蒙精神的深刻写照和诠释。

我的母亲李敬仪

吴小晴

我的母亲在1966年8月3日晚和我的父亲同时罹难,母亲当时是南京师范学院党委副书记。我怀念母亲,但对母亲的一生却不大了解。南通教育家曹文麟文集《觉未寮文汇》记有母亲的家庭身世,我还接触到了母亲的自传材料,因就了解的史事略述母亲生平。

一

母亲名李怡,字敬仪,生于1912年7月21日。母亲的生父名李桢,字筱湖,号苦李,世籍绍兴,客居江西。外公幼年丧父,苦读成才,精于金石书画,为吴昌硕弟子。1904年,外公应友人之邀,来南通主持翰墨林书局事,两年后与江宁张雪琴结婚,遂安家南通。母亲有姊李愉(巽仪),有弟其通、其达(李荆)及两妹。

书局薪资微薄,外公常要卖字画补贴家用。家庭开支拮据时,外婆会取出一点首饰要母亲拿去银楼变卖,母亲年幼,往往在银楼附近犹豫良久才鼓起勇气进去,有时她哭着对外婆说

图1 外公李苦李

不想去,但还是不得不去。对此母亲记忆深刻,在《先母事略》一文中特别提及。

母亲十三岁入南通女师附小高级部读书。她知道上学机会难得,不仅家境贫寒,还因重男轻女习俗的影响。母亲说,自己能上学,是家里想要她带领弟弟读书。每晚外婆都要母亲带弟弟"温所习,偶怠,即峻责"。母亲说她"每次升学的允许都经人向我父亲劝说",因此读书尤为刻苦。

母亲小学毕业后,于1927年考入南通女子师范学校。张謇于1905年创办的南通女师,是中国近代最早的女子师范,在江北首开女子教育风气之先。母亲在女师学习非常努力,"总是想在家庭内做一个好女儿,在校内做一个好学生"。

1929年,母亲家庭遭遇大变故。外公在上海治病时去世,家庭陷于生存困境,靠了朋友的帮助和书局发放的三年恤金,才暂时维持全家生活。母亲姐弟也互相勉励,帮助家庭。李巽仪是沈寿的学生,就到西亭小学教图画,她不幸染上了猩红热,回家后靠外婆照料而病愈,外婆却又病倒。母亲见外婆身体滚烫,就把外婆抱倚在自己怀里,用身体去分散外婆的体热,但外婆还是病逝了,此距外公去世才百日余。外婆的丧事办完,母亲也染上了猩红热,为了不再传染家人,就睡到了医院里,

图2 李苦李夫人张雪晴与子女合影。左起依次为:淑仪、巽仪、其通、其达、张雪琴、敬仪。

幸而挺过了这一关。此后，母亲家里只有姐弟几人维系支撑，生活费用要精打细算，在学习上则互相督促，更加用功。

1931年母亲十九岁。这年九一八事变爆发，全国范围的抗日救亡运动波及南通，南通女师也汇入了救亡浪潮。母亲在女师是师二学生、年级级长，并照例担任女师学生自治会主席。女师学生冲破校方限制，上街游行，宣传抗日救亡，母亲还作为女师代表参加了南通学生反日会。面对深重的民族危机，母亲说她"这时才开始产生了爱国思想"。30年代的国家民族危机激发了大批知识分子的爱国思想，由爱国而走向革命，成为他们人生的必由之路。

母亲读书期间深受曹文麟（勋阁）的教诲和影响。曹文麟1906年留学日本大学高等师范部，1908年回南通省亲时被张謇挽留于家乡创办通海五属公立中学，他与外公李苦李为挚友，在诗词文章、金石书画上互为知音。曹文麟膝下无子，外公将小女儿过继给他，名曹中章。我的外公外婆离世时，母亲姐弟面对家庭变故束手无策，家中一切后事办理，甚至购置敛服等，全靠曹文麟四处奔波，家庭生计也靠他安排。曹文麟学识渊博，是南通师范名师，和顾怡生、顾贶予、徐益修并称"通州四才子"，母亲在女师读书时经常向他请教中国古典文学的问题，他也很喜欢我母亲，辅导她写作文章诗词，母亲感觉又获得了父爱。

1933年初，曹文麟女儿中章因肺病去世。母亲对中章病逝深感悲伤，她多次看望曹文麟，期望减轻他的丧女之痛。曹文麟一向喜爱我母亲的孝悌、文雅和聪慧，郑重地托人要求母亲也给他做义女，母亲欣然答应，曹文麟十分高兴，他撰写《祭李苦李暨张夫人墓文》告知老友："公子巽仪从孙君议属怡来侍，而怡亦极念君与我昆弟之好，且复敦古昔君子之谊，决然事我夫妇而一无所疑。我安肯负君夺君爱子，乃显旧氏命之曰李怡，而仍其字为敬仪。"

一天，曹文麟询问我母亲是否知道我外婆的家世，母亲说，家里藏有生母张雪琴的父亲张廷英（虎臣）的一些手抄文书。张廷英幼时遭逢战乱，家人遇难，于是投身淮军，征战有年，积功而为军官。曹文麟拿到这些资料，"披览有顷，亦为悚神，戚戚者久之"，感慨之余，动笔写了《清游击衔尽先补用都司兼袭云骑尉世职张公虎臣传》，详述了我母亲的外公的身世。

二

1933年7月，母亲在南通女师以第二名的优秀成绩毕业。母亲感到不仅可以告慰早逝的父母，也没有辜负义父的期望，毕业后有了职业就能改善家庭经济境况，"对家庭的前途又有了希望"。曹文麟赋诗《怡儿毕校业诗以庆之》："半分可让如求阙（儿成绩列第二），甲等非奇已胜常。一纸文书三载绩，赉函记取闻端阳。我借儿才行有耀，儿如我意益舒才。……"他把自己的文稿也托付给了我母亲，希望由她来完成女儿中章编辑父亲文集的遗愿。

母亲毕业后被南通教育局派做女子职业学校代理校长。女子职校为年长失学的女子补习文化和学习刺绣、缝纫技能，有学生七八十人，教师四人。母亲对这份工作充满了热情，当时，为了举办一个展示办学成绩的展览会，母亲惟恐筹备工作考虑不周，写信给义父求教，曹文麟以《怡儿书来谓方计虑所主职业校之展览会甚惧其过劳也》一诗作答："有智频当繁剧任，正须静气自安神。分工递进寻常事，百辈凭依总揽人。舟车千

图3　1948年，父母亲和两个孩子。

里失归期，熟晤云山又忆儿。母倘招儿相审顾，为防烦郁更防疲。"对她关怀备至。

那时，曹文麟几乎每天都来职校看望我母亲，和她谈论诗词文章；母亲也在不断接受新思想，她订阅了《生活周刊》，崇拜邹韬奋等人的思想言论，感到他们对腐败政治的批判，对国民党政府压制抗日救亡运动的抨击，切中时弊。

母亲毕业后的生活充满了温馨的亲情和乐趣，曹文麟诗文有不少记载。《怡儿游宁苏沪杭以诗为别》记叙母亲游历江南之事，描绘了绮丽的画面："大江本属幼时路，今日方亲江与湖。湖有文章山有画，为弘神智辟天郛。……"

《游山杂诗》记叙母亲陪同义父登临狼山的情形："……登山有杖或言痛，儿数殷殷为我虞。自喜而今腰脚健，还当放

115

鹤问西湖。（登山时，怡儿屡问能行否。自去年春与儿有游湖之约。）……儿随兄弟抠衣去，掠鬓风多塔数层。云脚四瞻天意绿，江流黄影不掀腾。（儿与巽仪、其达登塔。）……"

《元宵携怡儿狼山观烧》记1935年元宵节时，曹文麟偕我母亲及其同学等人至狼山观赏灯火民俗的事，生动描绘了元宵夜的景色，"……儿方邀诸姊，远视落日红。谓是画境界，水波翅碎红。……圆月在天半，色澹浮于空。万星竞摇动，似与波相汎。儿辈惊所见，诗画难形容。……"

母亲有才女之称，又经曹文麟指点，诗词文章俱佳。她留下的诗词不多，有几首应是当年游历江南时的作品：

晓　起

西园古名胜，晓色扑双眉。
露重蝉鸣涩，云消月落迟。
荷香霏静气，燕影掠轻漪。
曲径幽如许，徘徊清我思。

忆江南（三首）

归梦断，凉月欲沉西。古柏窗前如鬼立，老枭屋角学儿啼。此景最凄迷。（初至无锡宿古文昌阁下，中夜梦醒，闻枭声有作）

风景地，难忘北山湾。雨外春江流一线，烟中远岫斗双鬟。渔唱画图间。（春雨如丝，旧游似梦，孤馆兀坐，不觉神往烟霭间也）

挥手去，客路短长亭。残月一钩星数点，马头宿酒未曾醒。回首旧山青。（别李雨萍）

图4 1949年,父母亲和三个孩子。

我们存有30年代母亲画的荷花扇面,并题有小诗:"平池碧玉秋波莹,绿云拥护青摇柄;水宫仙子斗红粧,轻步凌波踏明镜。李怡"。

后来,母亲在1962年夏作《游善卷洞四绝句》:"群山拱护径幽深,砥柱当门笑迎人;白象青狮呼欲出,洞天寥廓四时春。悬峦滴乳讶神工,石磴盘旋峭壁通;怪道寒梅千古在,只缘根在雾云中。飞瀑双悬溅断崖,奔流壑底震风雷;还如月黑闻金鼓,万马腾骧列阵来。船行壑底声全寂,灯映巉崖影亦寒;历尽三湾方叹绝,豁然喜见碧天宽。"纯为写景,但"文革"时仍受到批判。

乙亥年(1935)十一月初七日为外婆五十冥诞并逝世六年,母亲和姨妈挈两个弟弟设置了祭筵,母亲写了《先母事略》,载于《通通日报》,文中写到姊妹兄弟俱已成立,"凡此皆母逝时未及豫知,偶一念及,亦为之惊且喜。然于母之生忌,宁能不念母若尚在顾儿辈之献寿欣喜为何如耶？怡不文，何能传吾母，然惧两弟他日或忘母德，谨就所知者述之，顾亦未由显母之生平于万一也。"曹文麟也特地写了长诗告慰其老友李苦李的夫人张雪琴。

三

1934年，经顾怡生介绍，母亲和父亲吴天石相识。父亲在南通师范读书时是顾怡生和曹文麟的弟子，后入无锡国学专修学校，1932年毕业回南通任崇英女中国文教员，旋即被国民党南通县党部以共产党嫌疑罪名逮捕入狱，获保释后由挚友李俊民介绍赴山东教书。父亲在山东常有书信向顾怡生、曹文麟问安、请教，或希望老师有诗文相赠，假期回南通，都要拜见老师。母亲为曹文麟义女，父亲对她十分仰慕。

母亲和父亲相识后，思想上的进步得到了更多帮助。父亲介绍了很多新书刊给母亲，有《译文》《时事类编》《妇女生活》等杂志，有《静静的顿河》《第四十一》《被开垦的处女地》等苏联文学作品。母亲对阅读苏联译著有了浓厚兴趣，她还阅读鲁迅的著作，对现实社会有了一定的认识，眼界也更为开阔，已"初步的注意了国家大事，展开了对革命美丽的幻想"。

母亲和父亲在1935年订婚，次年农历三月完婚，他们租赁掌印巷徐宅王氏屋安了家。这一年，父亲参与顾民元、江上青等编辑出版《写作与阅读》的筹划，以后也为杂志撰稿和做编委。母亲结识了父亲的许多朋友，同时阅读了更多的进步书刊。西安事变发生，母亲对蒋介石被扣感到高兴，但又觉得蒋如果被杀，国家又要陷于战乱。母亲的这一认识是当时许多知

图5 母亲的义父曹文麟先生（1879—1951）。

识青年不满于国民党政府对日妥协政策的思想反映。

1937年全面抗战爆发。母亲很兴奋,每天都去看发布的战事号外,关注战局的发展,参加抗日宣传活动。上海失守,南通城遭日机轰炸,人们纷纷下乡躲避,母亲这时已有了孩子,于是和家人一起避难于西亭。两个月后,日寇未攻南通,城区各校复课,母亲因代理校长责任所在,又回到南通城,那时职校学生已寥寥无几,母亲一人艰难维持着校务。1938年3月17日,日寇占领南通,国民党专署根本没有依照承诺通知各校,事先逃走了。母亲即避居于南通乡间的陈酒店镇超妙乡。

图6 母亲李敬仪摄于1955年。

父亲在全面抗战爆发后和顾民元、马一行、李俊民、史白等志同道合的朋友一起，接受党的领导，开展抗日宣传，坚持做抗战教育。母亲的弟弟李荆也参加了江北特委开辟南通的工作。母亲在陈酒店镇的家成了党的秘密工作同志往来经过的歇足之处，母亲接触了江北特委许多同志，知道他们在从事抗战工作，热情照料他们的饮食起居，不怕麻烦。

母亲为了离奔波于抗战工作的父亲近些，居住在陈酒店镇有两年多，她应当地群众要求，负责教二十几个小学生，使他们不致因战事而辍学，而且也能有些收入维持生活。1938年夏，母亲有了第二个孩子，于是，除了教学、缝衣、烧饭、带孩子等家务事都要自己做。母亲在乡间仍然阅读了父亲带来的很多新书刊，如《西行漫记》《中国的新生》《华北前线》等，对党有了新的认识。

1940年10月，新四军抗日铁流东进，消息传到了闭塞的乡间，母亲感到很振奋，但是这段时间母亲与父亲的联系已隔断，直到有一天父亲回到陈酒店镇家中，母亲才知道了黄桥战役后苏北的抗战新局面，知道了父亲参加接收在北兴桥的旧南通县政府，并任南通县抗日民主政府秘书，以及又到马塘任如皋县抗日民主政府秘书的情形。

这时，母亲身边只有一个不满周岁的孩子，两个大点的孩子已送回南通家里交由祖母带，就随父亲去了马塘。母亲在马塘的街上"看到枪上挂着红布的新四军",看到如皋县抗日民主政府以及工作人员"面目一新的作风,和一贯所见的国民党不同",感到耳目一新,非常兴奋,她说,"从此我才接触了革命"。

母亲的家安置在马塘乡间,这一带是游击根据地。1941年2月,带在身边的孩子患惊风症夭折,母亲很悲哀,写了悼亡诗《儿殇之次日,即夤夜避乡》:"避兵夤夜又谋迁,遁迹扁舟亦自怜。转幸儿能安息早,流亡锋镝已经年。"母亲因少了孩子和家务事的牵累,于是经县长叶胥朝介绍,到县政府秘书室担任编审,整理资料,从这时开始,她正式参加了抗战与革命。母亲由于对父亲非常挚爱,深受其影响,因此母亲参加革命工作也是一直在追随着父亲所走的道路。

四

在如皋县政府,母亲"亲眼见到一些工作同志的艰苦廉洁的作风,再看到《论持久战》《新民主主义论》等书,对抗战的道理有了进一步的认识,对共产党的政策作风,也加深了钦佩"。当时,母亲参加了县政府举行的皖南事变遇难同志追悼会,她对国民党在寇深祸急的抗战艰难时刻背盟反共无比愤慨,对于新四军遭受重大损失深为痛惜,母亲的弟弟李荆皖南事变时在军部教导总队,母亲非常牵挂,幸而他历尽艰辛突围到了苏北(后在1946年11月鲁南泥沟战斗中牺牲)。

1941年底,如皋县政府驻丰利,新四军一师师部也在这里,母亲"亲眼看到师首长们艰苦坚持的精神,很受感动"。因斗争环境紧张,根据地各级政府都在精简,如皋县政府奉命随师部行动，于是决定母亲等怀孕女同志和干部家属都各找关系作掩护"埋伏"。1942年2月初，母亲回到南通城，在我祖母家附近的跃龙桥小学做了代课教师，但她只盼着生了孩子后赶快返回根据地。直到1943年4月，父亲在掘港苴镇托了人进城来接母亲，6月，母亲带着三个孩子来到苴镇丁陈乡。

父亲这时任如皋中学校长兼文教科长，母亲被安排在如皋中学教初中国文。看到根据地抗战教育、减租减息、民兵建设热火朝天，母亲"精神上痛快极了"，但又"感到自己落伍太多"，"思想上有求进步的渴望"。教学之余，她贪婪地阅读各种书籍报刊，了解时事政治，特别是听了苏中四地委宣传部长夏征农、苏中区党委组织部长周季方作的报告，很受启发，"转变了过去为读书而读书的错误看法，认识了小资产阶级知识分子的弱点和出路"。

1944年春，日伪对苏中进行"扩展清乡"，如皋中学北撤到了二分区东台鲁灶庙，在那里与东台中学、邱陞中学、栟茶中学等合并组建了苏中二分区联合中学（"二联中"），顾贶予任校长。母亲在二联中是独立工作，此时父亲已随夏征农赴宝应创办新四军苏中公学，母亲把女儿送回了南通，交由祖母照料，只留两个男孩在身边，使自己能一心扑在教学上，她"在工作上自动地钻研"，感到"在联中各方面都很好，是锻炼独立工作的机会"。

这时，父亲带信给母亲，要她也来苏中公学，不久又派了人来接，9月，母亲带着两个孩子到了宝应固晋，投入苏中公学火热的大熔炉中。苏中公学是新四军一师的干部学校，大批干部集中在这里进行整风学习，母亲感到，到苏公去是把自己"推进到一个新的阶段"。母亲被分配在宣教科，她感到苏公

图7 母亲20世纪60年代初在南京师范学院校园。

处处充满着学习空气,于是向组织上提出了参加在职干部整风的要求。

经过整风学习,母亲被同志们诚意帮助、诚恳批评的态度所感动,去除了在苏公做客的心理和自甘菲薄的思想,认识到"要自觉地参加到革命里面去,不要只逗留在外面,革命事业就是自己的事业"。母亲认真撰写了自传,总结了整风的收获,提出了入党申请,于1945年2月加入了中国共产党。

抗战胜利后,为了教育和培训从南线投奔根据地和新四军的知识青年,1945年11月,苏中公学分校在海安丁家所镇成立,父亲任校长兼党委书记,母亲也随之调到苏公分校,在此后的江海公学、华中公学、华中大学和苏南公学,母亲一直做图书资料、校刊和教务工作。1952年江苏师范学院成立,父亲任院长,母亲也调任江苏师院宣教科长兼政治专修科副主任,从干部教育岗位转到了普通高等教育岗位。

1954年初,父亲到省教育厅工作,母亲调到南京师范学院,先后任马列主义教研室主任和院长办公室主任,1956年任院党委副书记,同时因"任中国革命史课教学好""工作一贯积极负责"受到省委文教部表扬,后来母亲和父亲还以石友李为笔名编著了《中国现代革命运动故事》。1957年,母亲"为有的干部、教师说过一些客观、公正的话,为此,在'文革'中被加以包庇右派的罪名"。"由于她和当时马列室的负责同志的正确掌握,我校政治教师中没有划一个'右派'"。10月,母亲改任教务处长,1960年后再度任院党委副书记。

"文革"初,母亲被打成"黑线"人物,但她极为看重人格和气节,决不违心自污,而以沉默抗争,因此在游街批斗中殒命。1978年5月30日,在父母亲骨灰安放仪式上,老省长惠浴宇当场在悼词中加上了"悲惨遭遇,人间少有"八个字。

母亲是接受了传统文化教育,又汲取了新文化养分的知识女性,她在抗战时期参加革命,以后一直兢兢业业从事教育工作,去世时年仅五十四岁,一生短暂、平凡。母亲永远活在我心中!

中宵不寐忆平生

——母亲殁后周年记

刘书庆

哀哀父母,生我劬劳。

——《诗经·小雅·蓼莪》

我母亲虽然普通,但这一生吃了不少苦,特别是她的前半生。这也是我想为她写点东西的主要原因。她某段时间的苦难经历不唯我们这代人无法想象,就是相比她的同龄人,也可以说是有传奇色彩的。

1961年,母亲在十二岁的时候,我外公肝腹水已经丧失劳动能力。当时母亲下面还有两个妹妹,也就是我的二姨和三姨。两位姨母分别比我母亲小五岁和十岁。外公已经卧病在床,外婆需要照顾病人和孩子,一家的重担就落在了我母亲身上。

那时,母亲的生计主要是靠贩卖萝卜和胡萝卜缨子。她揣着一元五角钱的本钱,经常一个人来回走上三十多里去北边的大陈家,买回萝卜和胡萝卜缨子卖给本村或邻村需要的人,能勉强糊口。从姚千村到大陈家,现在要经过两条河流,分别是南边的马颊河和北边的德惠河,1961年的时候只有马颊河,不过当时马颊河的桥很简陋,只铺了两道窄窄的木板,桥宽不足一米，而跨度在一百米以上，两边也没有护栏。

一个十二岁的女孩子，前后两个袋子搭在肩上，回来时装满萝卜和胡萝卜缨子，来回要走这座桥，下面是汹涌湍急的河水，而窄窄的木板桥连个扶手都没有。我至今还时常脑补这样的画面，我怀疑母亲是否来回要爬着过这座桥。

"那这不很危险？"我问母亲。母亲说小心点没事。父亲则插话说胆小的会害怕，但走慢点没事，当时去河北（马颊河以北）都要走那座桥。感觉父母这代人对苦难的感觉都是麻木的。五十多年之后，母亲仍然为自己在最艰难的日子挑起一家四口生活的重担而自豪，但对于这种具体而实际的危险却轻描淡写。

外公死后，外婆与三个孩子相依为命在姚千村又生活了两年，因为没有儿子，按农村的传统观念，守寡就没了意义。外婆的父亲和兄姐就张罗着让她改嫁。当时他们已经决定把我三姨送给孙家村一户人家，让外婆带着我二姨改嫁，至于我母亲，则让她跟着我姨姥生活。我姨姥家住温店镇黑张村，她丈夫因为做过皇协军，长时间不敢回家，夫妻俩也没有亲生的孩子，后来收养了一个儿子，和我母亲年龄相仿。

外婆去姨姥家三天没回，当时正下雨，土房子跟筛子一样，四处漏雨，母亲就把三姨放到阳台上，把二姨放到墙角，这两处漏得最轻，因为下雨没有干的柴火，根本没法做饭，也没吃的了，饥饿的母亲就领着二姨三姨去邻居家哭着求助。"我这一辈子也不会忘了姚玉和（音 huo）婶子，她从家里挖了几碗高粱面来，给我们蒸了一锅窝头"。多年以后，说起这件事，母亲仍感激不已。

雨停了后，母亲就背着我三姨，领着我二姨一起去姨姥家

图1 1986年的全家合影,这是父母留下来最早的一张照片。前排中间是我外婆,两边分别是我父母,母亲怀抱的是我的一个堂侄,后排左边是我大姐,右边是我。

找外婆。黑张村距离姚千村有七八里路,她们到姨姥家后,发现几个长辈正在商量外婆改嫁的事,加之舅姥(母亲的舅妈)姨姥一众亲戚没搭理母亲姐仨,母亲就觉得被无视了,很生气。母亲对外婆冷冷地说了一句:"你愿意走道就走道,我和二妹三妹就在姚千过,哪里也不去。"然后又背上我三姨,挽着我二姨,头也不回地往回走。背个孩子,来回走了十五六里的路,气愤、辛苦、恼怒、被抛弃感,恐怕母亲当时各种情绪都混杂在了一起。

"我就哭了一路。"母亲说。

回家后母亲就推着石磨碾了小麦,蒸了卷子。"你们不管我们,我就带着两个妹妹好好地活,证明给你们看,当时就这

图2 1988年,母亲(左一)和几个收废品的同伴拍摄于天津二道闸。

么个想法。"五十多年后母亲笑着对我说。"那时还是不懂事,没有为你姥娘着想。"母亲又补了一句。

后来,因我母亲的坚决阻拦,我三姨没有被送人,和我二姨一起随外婆改嫁,我母亲则随姨姥生活,但也只在姨姥家待了一年。

母亲去姨姥家生活时，已经入冬，没有多少活干，也就拣点柴禾什么的，姨姥是个比较悭吝的人，心里不高兴面上可能就显露出来了。后来她的养子偷食一些好吃的，她也怀疑是我母亲。这让母亲愈发不能忍受。

如果从旁观者角度看，这种隔阂，更可能是母亲自己过于敏感造成的，这种寄人篱下的感受对于母亲来说，恐怕很难摆脱。小时候我和母亲去姨姥家多次，她家有一个很大的园子，里面种满了枣树、蔬菜、向日葵，她给我的印象是一个亲切和蔼的老太太。

母亲在姨姥家待了一年，实在待不下去了，就去找我的舅姥爷，让舅姥爷帮她把东西要回来，她要回姚千自己过。母亲去姨姥家时，是带了几件东西的，不外乎就是纺车、水瓮之类，外婆把这些东西分给我母亲是当作未来嫁妆的。后来只有水瓮作为嫁妆返还给了我母亲，至今它在我家还完好无损，盛装粮食用。

外婆听说母亲要回姚千，自然不放心，就好说歹说把母亲接到了她身边。外婆改嫁到了温店镇黄庙村，我姥爷（继外公）身材敦实，不善言辞，但是个难得的实诚人，外婆和姥爷又生了两男一女。因为外婆和姥爷是在2009年同一年接踵去世的，我和他们也有充分的接触，在我看来，姥爷对三位非亲生的孩子没有区别对待。母亲这姐弟六个彼此感情都很好，也没有任何亲疏之分。

因为母亲当时已经十六岁，白天出工干活晚上就住在闺蜜家里，对这个继父还是隔着一层，据母亲自己说她出嫁前没有喊过姥爷一声爹，后来随着年龄增长，她也有了我们姐弟仨，一些心结也逐渐解开了。她偶尔也会叫一声。但母亲在我们姐弟仨面前承认姥爷是个实在人。

二十岁时母亲和父亲结婚。我父亲儿时的命运也蛮坎坷，他出生一个月我祖父就去世了，祖父和祖母生了三女二男，我父亲是老小，祖母是个小脚女人，她也没有能力挣钱养家。所以父亲实际是由大他两旬的长兄抚养长大，伯父去世时，父亲是给伯父守灵戴孝的。

因为幼年失怙，父亲很早就自己谋生了。十五岁时就开始偷偷地贩卖虾酱，和母亲结婚后，还因为贩卖虾酱被罚没过财物。大约在改革开放之初，我父母还一度雄心勃勃开过轧鞋底的工厂，办厂地点设在我大姑家所在的铁营村。我姑父当过多年村支书，在村里威望颇高，不仅厂房容易解决，也正好利用村里闲置的旧机器。父亲又动员了我们村两个村民，加上我三姨（代表外婆家）、我姑父，还有铁营村一个村干部，合伙投资购买原材料和一些设备，后来因为产品销售不畅，没法及时回笼成本，经营不到一年就散伙了。

我父亲一如既往做各种买卖，到过北方之北的鸭绿江边卖过粘胶，也去滕县（今滕州市）卖过多年的鞋底。去鸭绿江，他是和姥爷一个远房兄弟搭伴去的，离家数千里，谁能想象他们竟是骑车去的？去滕县卖鞋底，也是骑车。农村带货的自行车都是用擀面杖粗的钢管焊接的，老家称之为"大加重"，同时代的载重自行车"大金鹿"负重能力与它相比简直弱爆了。去滕县卖鞋底，则和我们村的人搭伴，父亲每次都带四百多斤的货，从老家到滕县约八百里，这一路上坡多，坡度大时就无法骑行，只能将绳子套在肩膀上，辅助双手拉车。车子一旦倒了，没有同伴根本扶不起来。我们这代人根本无法想象他们吃的苦。

后来父亲一度还炸过馃子和麻花，这个手艺是父亲跟姥爷学的，而姥爷则是跟我二姨的公公学的，有明确的师承关系，父亲的技术水平相当高，后来在我读大学后他还重操旧业干了一段时间。此外，父亲和我二姨夫还一起搭伙收过槐米，收过粮食。因为父亲一直不停地折腾，母亲也持家有道，我家虽然说不上富裕，但在村里一直属于中上，直到父亲被摔成脑震荡。

父亲被摔成脑震荡缘于一次意外事故。我的一位堂伯父家盖房子，父亲去帮忙，在拉瓦回来的路上，从高高的拖拉机上被颠了下来，因为是半夜，摔得挺重。父亲被诊断为严重的脑震荡，吃了很长时间的药物，有两三年不能干重活，事故那年我十岁。

父亲不能干重活，自然也不能做买卖。生活的重担就又落在母亲身上。母亲就约上村里几个堂嫂收废品，有时候也在地里捡，最早是在离家近的村落走街串巷，然后活动半径就越来越大，后来更是扩展到济南历城区荷花湾一带，也就是现在的遥墙飞机场这块儿。后来她们也一度去天津收过废品。

母亲对荷花湾这一带很熟悉，她们来到这里多次。因为是收废品，每次走的路线并不完全相同，但大体的行走路线是从老家到温店镇，沿现在的239省道和233国道到惠民县城，然后再沿现在的234省道和大济路经皂户李镇到淄角镇，然后再沿现在的220国道到济阳的仁凤镇，一般她们会在仁凤镇住一晚，第二天再到济南荷花湾附近。这条线路大约距离在三百里，都是骑"大加重"自行车。母亲在她们中是最瘦小的，但往往是收废品最多的，多数时候能带到两百多斤，因为废品多种多样，很多是很难捆扎的塑料布，两百斤废品已经算自行车的上限了。如果满载而归，她们会原路返回，中间在淄角镇住一晚。

收废品的活儿母亲干了三四年，这期间一直是家里主要的

图3 2004年,父母在家中。

经济来源,直到父亲身体康复。

2019年8月份母亲被诊断出肝肿瘤,因为发现得较早,仍然具备手术的条件,住进了齐鲁医院,我骗她说肝脏有个囊肿,医生说最好切除,就是一个微创手术。母亲坚决拒绝了,她说咱们村那些做手术的谁谁谁,你们也看到了,死得更快,受了多少罪。我都已经七十岁了,都没想能活这个岁数,你们也都成家立业了,我也不用担心谁了。

我曾特意自驾车从济南沿母亲多次走过的那条路回家。"大加重"为了载货,横梁和车座都比一般的自行车高,想象着母亲瘦小的身躯,驮着二百多斤的废品,为了蹬上力气,腿短的她需要左右摇摆身躯才行,上坡路时甚至需要压上整个身体的重量站着蹬车。想到这些我泪眼模糊。

回想起来,母亲拒绝手术应当算是理性的选择,从查出肿瘤到她去世整整一年,她没有被严重的癌痛折磨,仍然保持了基本的生活质量。在她癌痛开始时，有芬太尼透皮贴剂的辅助，她能耐受。去世前的头一天，母亲的两个侄子上午来看望她，母亲还坐起来与他们聊了一会儿。中午我买杜冷丁回到家，和两个表兄弟吃饭聊天时，因我说话声音向来很大，母亲嫌吵还把我叫过去狠狠训斥了几句，现在想来那时候她可能已经开始疼痛，只是因为亲戚在，一直忍着。

我两位表兄弟走后，母亲突然疼痛加剧。我找来村医给她打上杜冷丁都没有缓解，这次她也终于同意去医院了。到了医院，因为输液又导致严重的腹水，注射了吗啡也不起作用，折腾到大半夜才睡去，腹水和疼痛叠加在一起，没睡几个小时就又醒了，难受疼痛到无法自抑，病急乱投医，我们就想再贴上芬太尼，多种止痛药共同作用或许能缓解。但县人民医院芬太尼断药几天了。打听到中医院有，我就去中医院买药，买药回来刚走进医院大院时，我二姐打来电话，说母亲快不行了，让我赶紧回来。我赶到病房时，母亲其实已经走了，享年七十岁。

细算起来，从她痛到无法耐受到去世，只有短短十八个小时。母亲一生要强，是最不娇气的人，临走也不想折腾自己的孩子。

母亲已经离开我们整整一年。这一年来，经常梦见母亲，她受过的苦，我也经常回忆，也生怕自己忘了，所以我决定把它写下来，就算是为了忘却的纪念吧！写下它，从此我也将轻装前行，更坦然地接受这个世界上最爱我的人确实已经离开我的事实。

母亲的名字不是家谱上的刘姚氏，她姓姚讳加春。

汶上路1号

李 硕

我的童年,尘封在一扇绿漆斑驳的木门后面,木门上方嵌着一块蓝底白字的铁牌"汶上路1号"。

汶上路,位于青岛西镇的东南部,是一条南北向的坡路,半个多世纪以前,它甚至还是一条砂土路,由前海沿一直匍匐向北,穿过西镇的主街云南路,最后消失在后港咸腥的海风中。老辈人眼里的西镇,那就是一个巨大的贫民窟,而汶上路1号,却是悄悄地躲在贫民区里货真价实的花园洋房。

我家大约是1954年搬进这座小院的,那年我五岁,刚好是记事的年龄。我的身下,还有一个妹妹一个弟弟。

外面是喧嚷嘈杂的市井,院内却是一个清幽的世界,一条红砖甬道,两旁是摇曳的花树,掩映着一座朱顶粉墙的别墅小楼。前院的苗圃里四时花卉芬芳,有耐冬、牡丹、石榴、地瓜花、夹竹桃,甚至还有一大丛薄荷!那耐冬已然长成了两三米高的大树,盛开在冬日暖阳下。我不太喜欢这种花,因为在小人书《聊斋》里读过崂山道观树精绛雪的故事,总觉得那艳红里透着一股子阴气。后院与前院之间也有一道木门相隔,走到尽头,南墙下栽了一棵丁香枝叶繁茂,每至春日满树皆白,暗香袭人。

图1　父母亲的结婚照。摄于1948年。

隔墙的邻院遥遥探过来一枝梨花,初秋便结下黄澄澄的果实,惹得孩子们馋涎欲滴。

　　二楼的两间南屋住着徐伯伯一家,经营企业的徐伯伯正值盛年,倜傥儒雅,晚饭后,趁着余晖未落常常趿拉着皮拖鞋走下楼梯在院子里赏花,其时,小巧玲珑的徐太太便优哉游哉地陪在丈夫身边指指点点,一副伉俪情深的样子。徐家育有四子一女,幼子名玉环,与我同庚,关系虽不亲密,也经常在一起交换小人书。三子玉桂闷声不响,后来上了一中,比我高三级。徐家的日子过得很优裕,每个人都衣着光鲜,到了秋天,他家宽大的阳台上就会晾晒许多鲅鱼干和闪着油光暗红色的鲅鱼籽,以至于我会无数遍在脑子里想象它的美味。

　　二楼北屋住的是这所宅子的主人——一个侏儒。他比我大许多,却长得只有板凳那么高,身躯的一半是一颗硕大无朋的头颅!他不会走路,也不会说话,常年坐在一个特制的婴儿椅

图2 我百岁的全家福。摄于1949年9月。是年我父母从济南迁居青岛,我父亲在青岛市辖临时中学教书。1950年转入青岛二中任教。

里,挪动时地板就会发出哐当哐当的响声。他的父母在大陆政权更替时跑去了香港,把他交给了家里的老保姆,从那时起,他就只有和老保姆相依为命,靠收取宅子的房租惨淡度日。

刚搬进这所宅子的时候,我们家住在前院北墙下的一溜平房里,有两间住房、一间厨房和一个厕所——里面只有一个坐式抽水马桶,所以不能称其为卫生间。记得每月的房租是十八元。平房并不一定简陋,房间里是木地板,屋外有一米宽的廊厦,用几根红漆廊木支撑,虽不是雕梁画栋,却也雅致洁净。紧挨着我家的邻居是高先生的房间,高先生似乎是个商人,家里没有女眷,四五十岁的样子,敦实的身材,头发稀疏,额头宽阔,他极爱干净,不光是房间里纤尘不染,还经常手里拿个鸡毛掸子四处打扫。

小院里的四户人家来往并不密切,平常见面打招呼,也显得礼貌而客套,但这种距离感却似乎是大人们刻意营造的轻松恬淡,维系着小院的和谐安宁,云淡风轻。

图3 青岛观象二路小学全体教师合影。前排右二是我母亲。摄于1953年。

图4 弟弟妹妹的合影。摄于1956年。家住青岛汶上路1号。

院子里的花花草草稀罕够了，我的心就飞出了墙外。首先吸引我的是离家门口十几步远、汶上路与单县路交叉路口的小人书摊，我经常会想方设法逃离母亲的视线偷偷溜出院门，将父亲给我的零花钱全部交付于书摊摊主。那个摊主操一口胶东话，瘦猴一般的模样，五六十岁了，腮上长着一颗黑痣，黑痣上还留着长长的痣毛，因为我是老客户，他很照顾我，会把新书给我留着，甚至慷慨地让我把小人书带回家里看，第二天再还给他。现在想来，童年时代，小人书就是我的启蒙老师，给了我很好的文学滋养。

那时没有电视和游戏机，孩子们放学之后，都会一股脑地汇聚到街门口玩耍。尤其是晚饭后，街上的路灯亮起来，我就在家里待不住了，瞅着母亲不注意，一溜烟跑到街上汇入孩子群。男孩们捉迷藏，女孩们跳皮筋，拾鹅鸪，打沙袋，我还常常跟随大孩子沿着汶上路跑去前海边，看到松树下情侣的暗影，便狂犬吠日般一齐喊道："一对大虾两毛五，一个公来一个母！"然后打了鸡血一样地亢奋，呼啸狂奔。玩累了再一身臭汗地转回家门。

在搬到汶上路之前，我家住在常州路15号二中教工宿舍。之所以搬到汶上路来住，现在想来大概——一是因为二中宿舍的房子太小，已经搁不下我家五口人；二是因为我父亲已经调动工作，从二中调到了七中教书。可能是因为这次搬家，我母亲也从观象二路小学调到了云南路小学。

父亲毕业于民国中央大学法律系，新中国成立后虽然当了中学教员，却并不是个安生的教书匠。远在抗战时期，他就在四川绵阳山东流亡学校国立六中组织抗日剧团；来到青岛在二中教书的那几年，他成了学生剧社的社长，排练《日出》《雷雨》

等诸如此类的话剧，还兼任着青岛戏剧家协会的理事，所以他非常忙，整日有一帮老师、学生围着他转，其中有一位爱演剧的女生后来考上北京医学院出了大名，她就是中国科学院修瑞娟院士。50年代街上饭馆很少，父亲的朋友就会常来家中小聚，他们大多是父亲流亡四川时国立六中的同学，情谊笃深。没过多久，他们在一次政治运动中几乎被一网打尽。历尽劫波之后，那位小我父亲几岁的刘禹轩叔叔做了《青岛文学》的主编，厚积薄发，在青岛文坛上显露出丰厚底蕴，是我尊敬的前辈。

周日父亲也经常有事，母亲照顾不了三个孩子，便会把我寄存到隔壁3号院的林阿姨家。林阿姨是父亲的同事，在七中当校医。家里赫葆真伯伯是一中的美术老师，青岛老一辈的著名画家。每次去，林阿姨都会塞给我一把药片，味道有些甜，后来才知道那是钙片。长大后我有时会想，是不是因为小时候林阿姨补充的钙片强壮了筋骨，才让我抵挡住了青海高原的风沙？在林阿姨家里翻完了所有带插图的书籍，我就会跪在椅子上看赫伯伯作画。赫伯伯画的是写意花鸟，左一点红右一摊墨，瞅得我头晕脑涨。

搬来汶上路之后，我进了云南路教工幼儿园，弟弟妹妹上了汶上路家对面的托儿所。过了两年，我又就读于云南路小学，到了二年级，云南路小学改建成青岛第二十四中学，我们这批小学生就被调到了定陶路小学。就在这时，我们家又搬家了。

这次没有搬远，就是从前院搬到了后院。后院是半地下室，也有两间住屋一个厕所，幽暗潮湿的走廊里森然停放着一具寿材！我问父亲为什么要搬到地下室里来，父亲黯然神伤地说："咱家没钱了。"我隐隐约约预感：家里可能要发生大事情！又过了几个月，记得好像是夏天，晚上，家里聚了几位父亲的挚交，酒酣耳热之时，父亲招呼我："去给我买包烟！"我拿着母亲递过来的钞票飞奔而去，出门右拐，数十米之外街口亮灯处有一个茶水铺，兼卖烟酒糖果，可能是茶炉里的水开了，汽笛在暗夜里叫得特别欢。我把钱递给老板，老板见是我，也不言语，随手递出来一盒大前门，那年月，大前门三毛五一盒。回到家父亲看看手中买来的烟，突然半开玩笑半认真地对我说："以后不要再给我买前门，你爸爸抽不起这个烟了！"父亲的这句话，我记了一辈子！

那时，父亲已经停发了工资，只给生活费。接着，他被隔离反省，我只有八岁，却要走过半个城市，去十一中给他送饭！十一中的教学楼里铺天盖地的大字报，我在墙上看到了父亲的名字。

冬天的时候，父亲回家打了个铺盖卷，说要坐火车去一个叫王村的地方集中学习。母亲怀里抱着不满周岁的小弟流着泪吩咐我，去送送你爸爸。火车站台上好冷啊，几乎没见到一个人影，只有我和父亲！父亲摸摸我的头，说了一句话："好好照顾你妈，等我回来给你逮蚂蚱！"火车开走了，父亲整整八年没有回来！

父亲走的那年，母亲只有二十七岁，拖着四个嗷嗷待哺的孩子！没过多久，我们家也永远搬离了汶上路1号。

尚登云的传奇人生

杨廷华

一

九十六岁的尚登云仍然身体硬朗，思维清晰。他出身贫寒，一生跌宕起伏，富有一定的传奇色彩。

他曾在父母双亡后，靠乞讨来维持生活；他曾在中美合作所接受过训练；他曾在中共地下党的指挥下，一次次乔装侦察；新中国成立后，他曾率队跟踪奔袭三昼夜，歼灭了残匪；他曾在担任区委书记时带头跳入汹涌的山洪，堵住了决口；他也曾在蒙冤被开除党籍的情况下，挑起了乌兰水库建设工程总指挥的重任。

二

尚登云的童年记忆充满了不幸。1925年，他出生在内蒙古伊克昭盟（现鄂尔多斯市）达拉特旗乌兰新圪旦的一个贫苦农民家庭，十二岁时母亲得病后无钱医治撒手人寰，十六岁时与他相依为命的父亲也离开了人世。在此之前，哥哥被抓了壮丁，

图1　1954年，尚登云（中）三十岁时与同事合影。

姐姐妹妹也都因生活所迫给人家当了童养媳。

从此，孤苦伶仃的尚登云，生活没有了着落。他先是在家乡西边的中和西一带流浪，靠讨吃要饭填充肚子。后来和一个姓刘的老乡结伴去了俗称为"后套"的巴盟五原县，靠给人家放牲口混口饭吃，这样的生活维持了没多久，他也像哥哥一样，被国民党军队抓了壮丁。

三

提到中美合作所，人们大多会想到《红岩》，想到重庆的白公馆和渣滓洞，想到共产党人在此遭受的酷刑。其实两者之间既有关联，也有区别。

有关资料介绍，中美特种技术合作所建立的初衷是抗日，1943年成立后在全国开办训练班，其间培养了一大批特工人员，为抗战的胜利作出了贡献。日本投降后不久，中美特种技术合

143

作所即宣告撤销。不幸的是，这批特工人员随后在解放战争时期大多变成了对付共产党人的工具。

尚登云说:"我在五原被抓后,便被押送到了陕坝大顺成(现在是光荣乡大顺成村),让我换上了军队的服装。我的破旧衣服不知多长时间没下过身了,脱下来放在太阳地一看,到处都是白花花的虱子,我当时也觉得挺奇怪,这么多虱子为甚就没感觉到咬呀？"我笑着插了一句："虱子多了不咬人哇！"

尚登云来到的地方全称是——中美特种技术合作所陕坝训练班。尚登云被抓来时刚成立不久,他参与的第一个任务就是为训练班新修操场。尚登云说:"训练班有十二个美国人,但从来没给我们讲过课,讲课的都是黄埔军校毕业的中国人,课程有武器拆装和使用、射击、小分队战术、擒拿格斗、通讯、

图2 1955年,尚登云(前排左三)出席伊克昭盟人民政府粮食局旗县粮食局长会议合影。

埋雷、爆破等，其中破坏日本人控制的平（北平）绥（绥远）铁路是训练中的一项重要内容。"

"因为我是被抓进来的，一直就想逃跑，三个月后我和两个学员相约逃跑，结果半夜跑出来，天明就被抓回去了。那两个比我年龄大，又是第二次逃跑，抓回去就被枪毙了。我因为年龄小，又属于初犯，被关在了陕坝军法处。一顿饭只给吃半碗稀饭，还得干打土坯一类的重活，经常浑身浮肿。好在因为我年龄小，免受了戴脚镣之苦，一直到日本投降后我才被放了出来。"

四

尚登云被放出来后，跑到五原县一个叫熊万苦（音）的地方，靠做苦力混口饭吃。1946年初，尚登云辗转回到了老家乌兰，乡亲们建议他去投奔父亲生前的结拜兄弟窦文林，窦文林时任国民党军队的排长，驻扎在乌兰南边五六里远的一个地方。

尚登云说："窦文林并不认识我，但听我报上了父亲的名字，盘问了一阵儿，就把我收留下了。一开始让我给他喂马、遛马，再就是临时有甚事了让我跑跑腿。过了一段时间，窦文林神秘而严肃地告诉我：'我是共产党！'我好奇地问：'甚是共产党？'窦文林说：'共产党就是为你们这些讨吃要饭的人办事，让你们过上好生活。'"这时，我问尚登云："你当时心里是咋想的？"他说："我觉得共产党为我们穷人，那我就得一心一意为共产党办事、出力。"

从此，尚登云走上了为共产党办事的路，表面上看他还是在放牲口、打杂差，但他的心中有了大目标，活动的半径也在逐渐扩大。国民党军队的布局情况，周边农民的生存现状，反对共产党的有些什么人，都是他所关注的内容。

尚登云继续说："国共内战开始后，窦文林派我到包头万水泉，了解国民党军队的调动情况。我看到人们正议论'国军'往东开拔，为了多了解情况，我也加入了议论的行列，谁知被人群中的国民党暗探告发，不一会儿就来了几个人把我捆了起来。我这个人虽然命苦，但危难时刻常有贵人相助，我被押解途中竟意外地遇到一个家乡发小，他叫王三毛旦，那时已当上了'国军'参谋，身边簇拥着五六个军人，他叫出了我的小名，抓我的人认识参谋王三毛旦，赶紧给他敬礼，加上也没有发现我有其他问题，当时就把我放了。

"随后，我打听到火车站警务段有个姓尚的段长，便千方百计与其套近乎，认成了一家子。在他的帮助下，我混进工务段当了个装卸工，俗称'红帽子'。十来天后，我带着在火车站观察到的情报和领到的装卸费，回到了中共地下党组织的身边。

"1946年七八月间，窦文林和李怀勤（李是延安派来的中共地下党员）二人介绍我正式加入中国共产党，并当场宣誓，记得其中的大意有，一心一意为共产党做事，保守党的秘密，除组织指定的联系人外，不得外传任何人。"

绥远和平解放后，尚登云公开了共产党员的身份，当上了地方民兵剿匪区中队长。

五

新中国成立初期，国民党军队的部分残余力量仍然不甘心放下武器,隐藏起来继续与新政权为敌,尚登云作为剿匪区中队长,带领民兵配合"骑五师"开展剿匪活动。采访中尚登云向我讲述了他至今难忘的一次战斗。

一天他们得到消息,全盟通缉的三个匪徒有可能躲藏在恩格贝南部库布齐沙漠里的一个羊柴林附近,其中为首的周国勋曾是"国军"的团长,老奸巨猾,较难对付。

"当时刚下过雪,我带着十五个人(其中有后来成为达旗公安老功臣的张茂林)奉命围剿。我分析沙漠中没有水,他们既要生存必须出来弄水,基于这一思路,我们在一个水泉边找到了人的踪迹,循踪跟了十几里后,发现沙漠中有人晾晒的衣服。正在分头包围实施抓捕时,突然狂风大作,刮起了满天的沙尘,匪徒们趁机四下逃窜,我们立即分头追击,其中一个叫杜二光柱的匪徒负隅顽抗,被我们用手榴弹炸死了。匪首周国

图3 1977年,尚登云(前排左三)全家与哥嫂全家合影。

图4 1982年,尚登云(左)与二哥合影。

勋跑到废弃的炭窑中躲藏窒息死亡。另一个叫周六的匪徒跑到杭锦旗当了石匠,后来查明,因他放下了武器给予从宽处理。

"这次剿匪战斗连续奔袭三昼夜,清除了隐患。区中队因此受到了盟旗两级的表彰奖励,给我本人记了三等功,还奖了一副马鞑子(骑马时铺的一种小毯子,也可铺在床上)。"

六

1952年,二十八岁的尚登云被任命为达旗九区(现吉格斯太镇)区委书记。

尚登云回忆说,他在九区主要干了三件事:一是继续剿匪;二是成立蒙汉合作社;三是防洪抗洪。尚登云说,当时水利工程十分薄弱,雨季时山洪特别凶猛。有一次,临时修的防洪坝被冲开一个口子,如不能及时堵住,当地群众眼看到手的庄稼和房屋都很危险。作为共产党区委书记的他必须带头,第一个跳了下去,随后干部群众跟着跳下了一大片,柴草沙袋子一齐上,决口终于堵住了,人们这才舒了一口气。村民们说,这个尚书记不怕苦不怕死,像个共产党的干部。

七

1954年,而立之年的尚登云当上了达旗第一任粮食局局长。

在两年后的审干中,1946年介绍他入党的窦文林受到审查,窦的入党时间被重新确定为1949年,并降职使用。"文革"中,窦又被定为"叛徒和历史反革命",开除公职,劳动改造。

1958年3月,尚登云也因历史问题被开除党籍,行政级别

图5 1983年,尚登云与老领导老同事在达旗合影。后排左起依次为李怀青(尚的入党介绍人,曾任内蒙古电业局党委书记)、郝文广(达旗第一任旗委书记)、李广(曾任达旗十三区书记)、尚登云。前排左一刘上清,左二原炊事员。

图6 1983年,尚登云与妻子留影于上海。

由十八级正科降为二十级副科。即便在这种情况下,尚登云还是经不住老领导们的说服动员,又挑起了乌兰水库建设工程总指挥的重担。

当时正值"大跃进"时期,水库的建设者都是来自全旗范围内的青年民兵,年龄限定为十八岁至三十五岁之间,实行军事化管理,整个工地"比学赶帮超",一片热火朝天的劳动竞赛局面。

为了保证建设工期的按时或提前完成,尚登云在申请使用炸药的报告获准后,他亲自出马,步行加坐车,连续奔波八九天,终于把两吨炸药,用三辆马车安全地运回了工地。听着工地上隆隆的爆炸声,看着日渐加快的工程进度,这位总指挥的脸上露出了久违的笑容。

有关资料介绍,1959年11月,乌兰水库胜利竣工,比计划工期提前了近一年。自治区和盟旗专家组的验收结论是:"工程质量符合国家标准"。尚登云因指挥得当被记一等功，并领到了一百元奖金（1959年的一百元是一笔不小的奖励）。水库建成后，尚登云又被任命为水库管理所的所长，一直干到1961年年底。

八

尚登云是1986年离休的，享受县级待遇。离休前工作过的单位还有乌兰公社、外贸公司、旗供销社等。

他的党籍是1979年恢复的，党龄从1949年算起。他说："如果从1946年地下党时期算党龄，还需要补齐一些材料，已经过去多少年了，不好补我也懒得补了。"

作为一名有着七十多年党龄的老党员，尚登云不无自豪地说："张文彬、胡文亮、刘永宽、刘建荣……都是我介绍入党的。张世民、杨文枝也是我培养的。"他说的这几位都是达旗当年赫赫有名的决策者，后来大多走出了达旗，走向了更高级别的领导岗位。

尚登云和小他十岁的妻子育有一儿五女，重孙辈的已有六个了，现在整个大家庭共有三十四人，大团圆时坐三桌还得紧凑一点才行。

尚登云说："我过去是一个讨吃要饭的人，哪能想到我今天有四世同堂的幸福生活？"

（本文经尚登云修改后定稿，作者在采写过程中参考了《达拉特文史》中的有关文章，谨向相关作者致谢！）

玉振姐

杨机臣

玉振姐名字杨机振,乳名玉振,取成语"金声玉振"之意。她是我们村唯一1966届的高中生。结果生不逢时,高一就赶上"文化大革命",1968年高中毕业回到老家杨家滩村。时到今天,半个多世纪过后回头看:玉振姐当年想走还是想留?走了好还是留下来好?个中奥秘何在?引发了我探究心中长久疑惑的冲动。

乃父教书成名反成连累

1949年初,玉振姐出生在一个殷实进步的书香家庭。她的父亲(笔者的伯父)杨清梅1933年出道任教,凭其品行、为人和本事,到了哪里都深受老百姓和学生爱戴。抗战期间他思想进步,受民主政府委托出任凤林小学校长,为抵制日本人的奴化教育,他想方设法传授抗日教材,被日本宪兵队逮捕,遭严刑逼供也不屈服,后被当地群众联保获释。后来受党组织委托,护送进步青年到文登天福山参加八路军。新中国成立后被选调中学任教,担任校数学教研组组长,兼市数学教研员,并连续多年担任市政协委员、常委。

父亲事业上的骄人成就和做人向善的行事风格,潜移默化地影响着家庭的每个成员。读书求学,知书达礼——成为一家人区别其他农家的家风。父亲终年在外,母亲丛树莲虽为小脚女人,弱不禁风,却以超乎常人的能力,言传身教,使孩子读书求学和出门做人力求优秀。

作为小女儿的玉振姐,长期在这种家庭氛围中生活,经过熏陶已经形成了独立、内敛、自强的鲜明性格特征。带着家庭托付和憧憬,十四岁的她终于考上了父亲任教的城里第二中学。三年下来她不负众望,考取了市里唯一的高中威海一中,打开了通向高等学府的大门。她天真无邪,心中只记住那句老掉了牙的话:两耳不闻窗外事,一心只读圣贤书。

图1 玉振姐一家合影。自左至右依次为:大哥杨机俊、玉振姐、伯父杨清梅、大姐杨玉琴、伯母丛树莲、二姐杨机舫。摄于1957年。

图2　中学同学合影。右为玉振姐。

1966年"文革"爆发，打破了玉振姐刚刚萌生的大学梦。令她始料不及的是，父亲一夜之间成了"反动学术权威"。从此，自幼以父亲为荣的玉振姐反受其害。尽管她是全班五十名同学中十名共青团员之一，从此，她没有了歌声和欢笑，只有孤独与自卑。

上山下乡，全国城市青年和学生到农村接受贫下中农再教育。玉振姐回到了家乡杨家滩。从此，在五队田间地头从春耕春播到夏收夏种，从"三秋"生产（秋收、秋种、秋季田间管理）到冬季整"大寨田"、兴修水利等各种劳动场合，玉振姐身影无处不在。推小车，挑大粪，锄草，刨地，割麦子，掰玉米，刨地瓜……起初，好心的社员同情地对她说：咬紧牙坚持一年半载吧，喝墨水的人下不了庄稼地，村里装不下你们。半年过去，一年过去，两年、三年过去了……

出路在哪里？有风言传来：她爹是"黑五类"，这一辈子走不了了。同学传话来：谁谁参军了，某某教学了，谁当工人了，谁外出了。村里可靠消息：村小学要增加教师了，市里来村招工了，公社来村选人了。最终，十年过去了，二十年过去了。

艰苦与劳累，委曲与心酸，追求与梦想。对花季的玉振姐而言，无论年华与心气，她能坚守住、走下来简直是奇迹。

再累过年也要为社员演戏

精神贫乏的年代，农村文化生活枯燥无味。社员辛辛苦苦干了一年，到年底村里如果没有一台戏是说不过去的。这时，谁家能出个唱戏的满村人会高看你一眼。玉振姐一家人就是这样：张嘴能唱，登台会演。

父亲拿手好戏是演丑婆子。一化了妆，红红的嘴唇，耳挂红辣椒，拖一副沙哑嗓子，又说又唱，把台下人笑得前仰后翻。大女儿玉琴自小唱戏就出名，新中国成立初我村一度划归文登县管辖，县里要汇演，村里叫玉琴主演歌剧《十八姐》参加比赛，结果被县吕剧团选走了，不久就成为县里的台柱子。儿子机俊虽然已在烟台就业，每年过年回家都要参加村里年关演出，后来还当导演帮村里排戏。二女儿秀喜性格开朗，表演功力不凡，威海二中毕业回村后，每到年关，白天劳动处处起表率，晚上排戏倾力投入，每次登台能把阿庆嫂演得活灵活现，博得台下观众一片叫好，1964年，她登上了杨家滩大队"五好社员"光荣榜。

长久以来，农村文化生活生生不息、源远流长，重要的源泉动力来自广大农民广泛而永无止境的需求。如何把老百姓喜欢的民间文化传承下去、历久弥新？整合民间资源是重要环节。

玉振姐一家是重要资源。剧本再好，缺一个人这台戏就唱不成。玉振姐回村前后，村里演员正处在角色转换的关键时刻。时下流行《红灯记》，角儿青黄不接之际，各村谁都排不起这台戏。哪个村能演出这出戏，不但本村老少爷们高兴，就连邻村都会跑来求你到他们村演一场。

当务之急是谁来演铁梅？社员心里明白：玉振在学校就是文艺骨干，今年大角儿非她莫属。此时，她回村两个多月来心绪混乱，情绪不稳，何况，排戏是业余活没有报酬不说，干一

图3 高中同学合影。前右为玉振姐。

天活儿又累又乏，大冬天顶风冒雪排戏到深夜，第二天照常出工。一个女儿家疯疯癫癫的，不如躲在家绣花增加收入来得实惠。心情不爽，玉振姐对村里提出的要求不回应不主动，来找她的人跑了多次无果。最终老父亲坐不住了，明确表态：这不是咱家人的处事态度，村里和老百姓的事是大事。何况参加演出有利于调整心态，闺女不要躲避应积极参加。

父亲的话是命令，玉振姐很快调整好情绪。年关时，她准时把活生生的李铁梅搬上大家盼望已久的东大院大舞台（土台子）。第二年，她为父老乡亲演出了《南海长城》女一号。第三年，她主演了《智取威虎山》女一号小常宝。

多年的演出有欢乐也有苦恼。在城市读了六年书的她突然回到农民堆里，长年靠拼体力、练耐力生存，不痛苦是说瞎话。演出释放出她压抑心底的烦恼，同时也带来了新的烦恼和考验。

嫁给了村里小两岁的小伙

男大当婚女大当嫁，这是谁也逃不过的法则。

时间进入70年代。那个时代农村男女过了二十几岁没有提婚论嫁的，家里老人就坐不住了。玉振姐回村也有几年了，正值芳龄年华，经过劳动磨砺和民间文化熏陶，身体和精神起了明显变化，人显得丰满与丰厚了，通体散发出成熟女人的美感。特别是她那种坚韧、内敛和包容的品格，深深打动了一人，他就是比玉振姐小两岁的国友哥。

国友哥的为人，在村里有口皆碑，且一表人才。他在村里干电工，又兼任大队团支部书记，职责使然他必须广泛联系大家，公正做人、扎实干事。何况村里演戏排戏、台上台下，自然少不了电工活儿，少不了与演员工作联系和接触，当然也少不了与玉振姐联系和接触。或许这就是双方好感的媒介和开始。然而，对玉振姐而言，好感只是一种普通感觉罢了，要上升到谈婚论嫁则没有足够考量和准备。对国友哥而言，年龄小、读书少并不重要，人相爱、心相通、未来幸福才最重要。基于此，国友哥大胆展开攻势，一面向玉振姐表达爱意，主动进攻，一面托友人侧面迂回，从中助力。

婚姻双方接触的开始即是两人命运的选择。面对国友的频频攻势，玉振姐不能无动于衷。连日来她寝食难安，夜里辗转反侧，白天精神恍惚。事关未来命运怎敢马虎从事？一锤定终身，必须慎之又慎。她时常发问自己：难道要永久留在农村吗？平心而论，自己打心底没有通过婚姻嫁入豪门的追求，但在心灵深处还是向往成为一个职业女性的，如果不考虑职业问题，眼前这个小伙子是可以托付终身的。不为别的，只为他人善良、心术正、讲孝道。然而，在城乡去留和职业选择上，任何一个知识女性是不会草率从事的。

怎么办？谁帮我？她把压在最心底的话讲给父亲听。其实，老人最心疼膝下的小女儿，希望她找到真正的幸福。本来，心地善良的父亲一向思想进步，骨子里本来就没有那些传统的门第观念，把职业高低贵贱作为择婿的条件。当见到女儿为此难过成这个样子，不但没有同情，反而更坚定了自己的想法，便当机立断、快刀斩乱麻。他长话短说，一针见血、直指要害：闺女，我和你妈一辈子在农村，难道你能说咱家不幸福吗？

老父亲这一问，令玉振姐大梦方醒，终于找到了答案。于是，她很快答复了国友，之后双方经过一年接触，于1973年的一天结为连理，开始了美满幸福的新生活。事实证明，玉振姐

图 4　高中毕业合影。前中为玉振姐。

人生最大的成功,就是嫁给了国友这样一个小女婿。成家之前,玉振姐还不敢说一辈子不离开农村这样的话,渺茫中总有一丝幻想支撑着一种虚幻的等待。但是,一旦同国友成家了,这种漂浮的东西即一扫而光,开始踏踏实实过日子。其实,日子过得很快,一晃一辈子走过来了:1968 年至 1988 年,她在生产队一干就是二十年;1989 年至 1992 年,村里幼儿园没有老师了,她应允村里的请求出来救火,干了三年幼儿教师;1993 年

图 5　玉振姐和姐夫国友合影。摄于 1974 年。

至 2002 年,村子向城郊化过渡,劳力向城镇转移,她便以镇办企业家属身份随国友哥在蒿泊木工厂干了十年,后来就退休了。

两个女儿教书都成名了

用苦尽甘来来形容玉振姐的人生经历很准确。

说苦,是指她没成家前那种漂泊的思想苦恼和体力劳累;说甜,是指她养育成长起来的两个女儿双双成为人民教师的佼佼者。女儿成功比什么都重要,是回报父亲和母亲、回报社会至高无上的贡献。

生下两个女儿时,她就拿定主意传承祖业支持女儿从教。功夫不负慈母心。玉振姐功夫没有白下,1992 年,大女儿杨晶怡由文登师范毕业回家乡蒿泊小学、杨家滩实验小学从教。这期间取得了骄人成绩,荣获了威海市小学自然学科教学能手、山东省教学能手、山东省第二届创新校长、威海市劳动模范等称号。小女儿杨冰冰 1996 年由乳山幼师毕业到长峰小学、海埠小学任教，从初教音乐到兼职教科学开始，后专职教科学。为了上好每节课，她走进医院向妇科大夫请教胎儿发育过程，自掏腰包买一堆鸟供学生观察研究，亲自上山捡课堂需要的石头，等等。几年下来成果颇丰：省级优质课评选获一等奖、威海市教育科研先进个人称号、威海名师、山东省小学科学特级教师等。还参与编写图书、发表论文等。

尾声：姥姥的嘱咐

采访玉振姐夫妇时，邀请他们的两个女儿和晶怡的女儿参加。见了她们三代女人后，我想起玉振姐母亲，她们身上有其共同特质：内敛和书香气，但亦各具个性。当我再次肯定玉振姐当年对国友哥的选择时，她竟然哈哈大笑并说道：人家胆子真大，也真敢追求哇！我能听出，这是她压在心中许久的幸福和自豪。这时，她竟话锋一转，对着即将出国留学的外甥女儿说了一番话：孩子，你妈是你太姥带大的，你是我带大的，出国不要忘了根。学习成功了，一定要回来建设我们的国家。

平凡的话语却很打动人。

中缅印战地的餐饭

晏 欢

十几年前,笔者就专门解读过下面这两位将军战地就餐的照片(图1、图2)。

彼时,尚未涉足美国国家档案馆,且目光仅仅是停留在大名鼎鼎的将军们身上。随着对抗战影像越来越多的接触和阅读,发现了众多的二战期间中美两国军队普通官兵们战地"用餐"的照片,五花八门,十分有趣。遂逐一整理归类,在此展示其中一部分与朋友们共赏。

这张照片(图1)是从美国国家档案馆搜集的,背面的图说为:"约瑟夫·W.史迪威中将(Lt. Gen. Joseph W. Stilwell)和驻守缅甸北部的宁嘎萨坎(NINGAM SAKAN)的官兵们一起在军营食堂外吃他自己那一份圣诞餐,他还有滋有味

图1 正在吃饭的史迪威。

图2 中美军官共同进餐。

地享用了烤猪。1943年12月23日。摄影：技术军士雷普尼茨LEIPNITZ。"

　　这段文字已经将照片内容描述得很清楚了，笔者无需再赘述。根据时间看，当时史迪威将军已经发起了他精心策划的"缅甸反攻"，常常往返于印度的列多（LEDO）以及缅北丛林中不断挺进的新三十八师、新二十二师所处的前线。

　　这张照片（图2）也是从美国国家档案馆搜集来的，照片的背面写着："来自佛罗里达迈阿密的约翰·A.克里夫兰中校，隶属于总部特别行动队，中国远征军司令长官卫立煌上将，以及中国远征军炮兵司令邵百昌中将在怒江惠通桥上方的羊角峰顶以中国方式享用野餐。美军信号兵照片#CBI-44-27974，由

图3 中国士兵正在战地野餐。

军方战地保密检查处发放。"

　　这张照片,后来还牵出了一段有趣的事。现居上海的北伐名将李烈钧嫡孙李季平先生看了照片后,一眼认出了照片中位于卫立煌将军和克里夫兰中校之间的这位戴眼镜的远征军军官,他正是自己的四伯父李赣骥!这位黄埔军校十七期第一总队的毕业生,当时正在中国远征军长官司令部服务,担任司令长官卫立煌将军的副官。

　　接下来的这张照片(图3),拍摄地点就在距离松山不远处的芒市—畹町一线的战场上,时间是半年之后的1944年12月。这是一群卫立煌将军麾下的中国远征军普通士兵在"战地野餐"。

照片背面注明:"1944年12月2日,攻占LILA山的中国军队在LILA山最高点的西南坡下一处日军遗留的散兵坑旁'享用'午餐。美军通信兵照片,技术军士谢默瑞(Shemorry)拍摄"。

翻查余戈先生所著《1944:龙陵会战》中所记录的遮放战役,找不出一个和LI LA HILL发音完全一样的山头,但12月初大概是五十三军攻占的一座叫做"来劳山"的地方,发音可能和这个LILA山的地名相近。如果确是这个地方,那么,

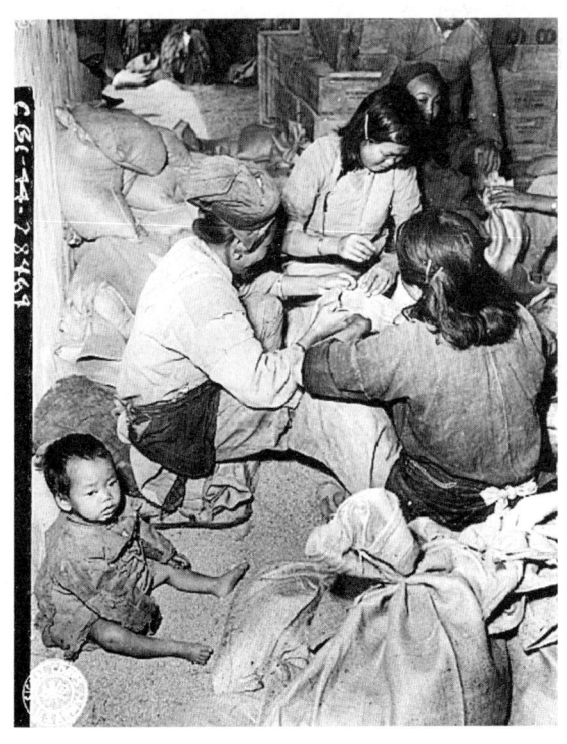

图4 中国妇女们正在捆绑大米麻袋。

图5 炮兵的战地野餐。

这群军人应该是远征军第五十三军的士兵。根据与这一时期五十三军的其他照片对比,觉得他们的军装也十分相似。但照片背面没有标注该部队的番号,因此无法断定。

中国远征军前线战士们饭碗中的大米供给,离不开云南人民和大西南人民的有力支援,上页这张照片(图4)可见一斑。

这张拍摄于云南省云南驿的照片,背面文字注解是:"1944年6月19日,中国云南驿;中国妇女们正在捆绑大米麻袋,这些米袋即将空投给怒江前线作战的中国军队。摄影师克莱顿技术军士,美军通信兵拍摄。"

从时间看出,滇西大反攻诸战役中,前线将士的饭碗,没准都是由后方的"供给重镇"——云南驿机场运来并投下的大米填满的。

再来看看国境外缅甸方面，与美英盟军并肩作战的中国驻印军又是怎样的伙食条件。

这张照片（图5）的背面英文注解是："缅北丛林，中国驻印军新三十八师榴弹炮营的一个炮兵阵地，在轰击日军阵地的间隙，享用午后的野餐。1944年4月17日。美军通信兵拍摄。"

看上去他们端的饭碗和手握的筷子，以及中间地面上摆放的共享"菜盆"，都极其清寡，不由得怀疑传说中的美军空投食品是否真实，也许是中国小伙子们吃腻了罐头和饼干，想换

图6 包装准备空投的鸡蛋。

167

换口味吧？

　　传说中的"空投伙食"，实际上是来自上页这张照片（图6）和它的文字说明："1944年4月6日。迄今为止所发明的最奇特的物资运输方式，就是从空中把鸡蛋用降落伞投放到地面，供应给在丛林中作战的中美联军。在这片缅甸的丛林里，其他的运输方法都不可行，南卡罗来纳州的佛莱德·肯隆（Fred E. Kennon）下士正在为空投鸡蛋打包装箱，每箱可装两百只鸡蛋，底下有糠屑做防震垫层。食品运输部队负责准备这类粮秣供给，迄今为止，还没有收到破损的报告。208-AA-11K-12。"

　　在赴异国他乡征战之前，这些中国士兵们从来也没有吃过"洋餐"，即将离开祖国的那一刻，他们往往抓紧时间饱食一餐家乡的饭菜。下面这张照片（图7）生动地记录了他们战地伙食"转折点"的场景。这张照片是在云南驿机场拍摄。

　　这几位在大后方的后勤部队人员，改善伙食自有办法。他们是驻扎在云南藏区的后勤运输部队。这张照片（图8）背面的说明是："1945年5月，在（云南）藏区Ying Kiang Choi的驻军下河捕鱼改善伙食。"

　　传说中的美军K级口粮（K-Ration），用这张"芒友会师"的照片（图9）来诠释再恰当不过了。K级口粮是一种单兵军用口粮，完整的一份可满足一名普通士兵一天的消耗。K级口粮在第二次世界大战中由美国陆军引入。但早期的K级口粮只配发给空降兵、坦克部队、摩托化部队等机动部队，供机动部队作为临时性的食物。一份完整的K级口粮包装在三个独立的盒子中，分为早餐、晚餐、夜宵。

　　过去一段时间，对中国远征军和中国驻印军的历史图片回放中最令人津津乐道的花絮之一，就是这两支部队的武器装备

图7　吃家乡饭菜的中国士兵。

图8　后勤人员捕鱼改善伙食。

图 9　士兵们在展示美军 K 级口粮。

和后勤物资保障,存在着比较明显的差别。

这张照片背面的文字说明是:"1945 年 1 月 22 日,缅甸木姐。将日军扫荡驱逐进入崇山峻岭之中后,中国驻印军新一军新三十八师第一一三团在缅甸的木姐与云南的中国远征军第五十三军第一一六师进行了初次的接触;驻印军战士打开一盒美军 K 级口粮与国内的友军弟兄们分享。美军通信兵拍摄。"

其实,派驻在中国境内中国远征军各部队的美军联络官们,也有他们自己的"特供"——C 级口粮。

这张照片(图 10)让我们再回到滇西战场,在云南的美军"Y"部队的联络官们,在滇西雨季的一个山村里,享用他们的"C"级别军用伙食。中间是翻译官 Tsai Xuo Mo(蔡修模或者莫才学),

不知是否有人能知道这位盟军译员的身份,以及后来去向或者其家人所在。

前线中国远征军将士们蹲在野地里吃的"战地野餐"属于粗茶淡饭,后方昆明的中美高级将校参谋学校进修的军官们坐在饭堂里吃的伙食,看上去似乎也好不了多少,要不为什么总说抗战是"艰苦卓绝"呢!

这张拍摄于昆明的照片(图11),背面文字注解是:"1944年6月12日,中国昆明;中美步兵训练中心ITC将校参谋学校的副主任赵家骧少将(右边最后一位,正把筷子伸进菜锅者)和学员们在饭堂共进午餐。美军通信兵拍摄。"

图10 美军联络官在享用"特供"——C级口粮。

图 11 进餐的中国军官。

图 12 中国高级军官的食堂。

能进这个高级参谋班学习的军人，基本要求是将校级别的军官，远征军中许多著名将领如成刚中将、叶佩高中将都在此进修过，由图片可见，当年条件确实艰难。

在印度兰姆伽的中美训练中心CATC，同样也办过几期将校训练班，学员都是从驻滇的远征军各部队中抽调的师、团级干部，飞来接受短期培训。从上页这张照片（图12）可一窥这些长官们在印度进修期间的伙食标准和饭堂环境。

这张拍摄于兰姆伽训练中心照片的文字说明，是这样写的："并不比那些个招募而来的普通士兵有更加舒适的条件，图中这些中国军队将校特别班的高级军官们在饭堂进餐，他们在这

图13　美军少将在考察中国军队的用餐器具。

座训练中心参加和普通士兵一样的、由美国教官教授的训练课程。照片在CATC拍摄。摄影师克莱格技术军士,美军通信兵拍摄。"

真不知道这位写文字说明的老美是怎么理解普通士兵的伙食待遇的,图中明显看得出进餐的环境相当不错,而且是全套西餐,有咖啡壶(也许是茶壶)和胡椒粉、食盐瓶等调料,似乎看不见任何饭碗和筷子,与国内的远征军餐食标准肯定不一样!与兰姆伽正在接受训练的普通士兵待遇肯定也不一样,须知这里是英国的殖民地,英军的传统就是军官和士兵的待遇形同天壤。

最后,分享一张视觉效果和内容都特别不一般的照片(图13),对比一下远在云南的中国军队餐具与印度兰姆伽的这些刀、叉、盘有什么不同。

照片背面的文字为:"1945年2月12日,美军后勤运输司令部SOS司令西瓦斯少将考察中国军队的用餐器具。摄影师汤玛斯·马尔温技术军士,美军通信兵拍摄。"

这里,有当时的国人惯见的土陶饭碗、木制筷子,垒起的土台上堆放着碗筷,墙面上的麻绳还晾挂着几条抹布……相比前面那张照片,简直就是另一个天地。

旧影钩沉

侠女颜雅清

——与李霞卿一同在美飞行募捐的女士

梁忠军

《老照片》第一三八辑封面上那张照片看了多次，倍感亲切。而令人稍感遗憾的是，作者未能提供那位"与李霞卿一同在美国进行飞行募捐的女士"的姓名。

那位女士名叫颜雅清。

颜雅清，1906年1月17日出生于上海江湾，父亲颜福庆毕业于耶鲁大学。其祖父颜如松与伯祖父颜永京都曾留学美国。颜永京学成回国后，担任过英国驻沪领事馆翻译、公共租界工部局的翻译，并先后参与武昌文华书院（华中师范大学前身）和上海圣约翰大学的创办，他也是第一位将心理学介绍到中国的学者。

颜如松早逝后，其次子颜福庆被颜永京收养。在伯父的资助下，颜福庆得以就读上海圣约翰中学和圣约翰大学医学院。1903年毕业后，在其舅舅吴虹玉创办的同仁医院当实习医师。此后，颜福庆创办湖南湘雅医科专业学校、国立上海医学院（复旦大学上海医学院前身）、上海中山医院等，同时也是中华医学会的首任会长。

颜雅清曾经就读于上海中西女塾，美国波士顿胡桃山中学、

图1　颜雅清的父亲颜福庆

史密斯学院,长沙雅礼大学。大学毕业后,于1927年随父母回到上海,在上海医学院任英语教师。

　　1935年,颜雅清跟随回国述职的时任中华民国驻苏联大使的伯父颜惠庆一同前往莫斯科。9月19日,已是外交部官员的颜雅清在国际联盟第一委员会第五次会议上,正式提出"让全世界妇女享有半边天,世界会变得更加美好"。

　　1937年,卢沟桥事变爆发,中国进入全面抗战后,颜雅清毅然放弃外交官职位,决定走"航空救国"之路。1938年1月,颜雅清考上了美国纽约沙非尔飞行学校。11月10日,颜雅清毕业,五天后拿到了飞行执照。1939年,颜雅清和李霞卿策划环美抗战募捐飞行之旅,计划飞行里程一万五千多英里。

3月23日清晨,由于原定用于飞行募捐的单翼飞机仅到了一架,出于对募捐伙伴的支持与信任,飞行经验丰富的李霞卿邀请颜雅清驾机,自己则坐在副驾驶位置。两位女飞行员从纽约弗洛伊德·班尼特机场展开伟大的飞行抗战募捐活动。

4月3日,颜雅清的座机即合影中的这架"新中国精神号"到位。这架飞机的发动机相较于李霞卿的那架座机的发动机性能欠佳,也为日后出现险情埋下了隐患。

当时李霞卿历时半年左右,飞访了美国四十二个州,近

图2 1938年3月28日,颜雅清(左)与李霞卿在费城卡梅登机场接受献花。

一万英里。5月1日,颜雅清驾驶飞机在亚拉巴马州境内遭遇大雾天气,空中迷航,后因机翼受损,飞机坠地,身受重伤,飞行距离总长六千五百英里。此次环美飞行共筹集到善款一万美金、中国法币两万元。当时新闻媒体报道,李霞卿被称为"中国第一位女飞行员",颜雅清则被誉为"中国的艾米莉亚·埃尔哈特"(美国第一批女飞行员,首位独自驾机飞越大西洋的女飞行员)。

伤愈后,颜雅清还积极投身美国华侨举办的支援祖国抗战"一碗饭"募捐运动。

1939年底,颜雅清接受颜惠庆劝说回到香港与家人团聚。1941年底,香港沦陷,颜雅清因在美期间积极参与抗日活动,

图3 颜雅清与"新中国精神号"合影。

图 4 颜雅清（左一）参加美国华侨"一碗饭运动"，义卖蒋兆和《朱门酒肉臭》。右一是林语堂夫人廖翠凤。

为了免遭日军抓捕，隐姓埋名度过了八个月的非人生活，其间瘦了四十三磅，最后易服化装逃至重庆。但是因为身体原因，无法重新获得飞行驾照。1942年，颜雅清以宋美龄访美随行人员的身份重返美国，继续她的抗战募款工作，并参与了很多重大的国际活动。

1956年，她申请进入哥伦比亚大学图书管理系，毕业后在纽约布鲁克林公共图书馆工作。1970年3月18日，颜雅清在美国家中因心肌梗死辞世，终年六十四岁。

1899年：费城展览会上的中国人

韦季刚

1899年，美国费城举办了一次全国进口展览会，清廷派了五名中国人参会，还在展会上建了一个中国村，演示中国的艺术、手艺、宗教和社会生活。美国国家档案馆有这五名中国人的证明文件，上面有照片，还有姓名、年龄、身高等个人身体特征、职业和居住地，可以让我们从中窥见那个年代中国人之一斑。

第一位的名字是杨贮，图片上有他中文签名：楊貯。还是从右向左写的，英文名是 Young Toy，居住地填的是中国广州，所以他的名字应该是用广东话发音，Young 基本上还跟"杨"相同，而 Toy 跟"贮"，让非广东人无法辨识。早期去美国的华人，多是广东人，而且大多是劳工，文化水平不高，他们的英文名不知是在中国还是在美国起的，不知道为什么名字中经常会有"oy"这个音，这里的 Toy，还有 Moy、Hoy 等，而且似乎很多时候，起名的人会专门找一些有实际含义的词，比如 Toy（玩具），还有 See（看见）、Duck（鸭子），等等。

回来说杨贮。他年龄五十三岁，身高五英尺四又四分之三英寸，差不多一米六五，在展览会上要演示的职业是抬轿子

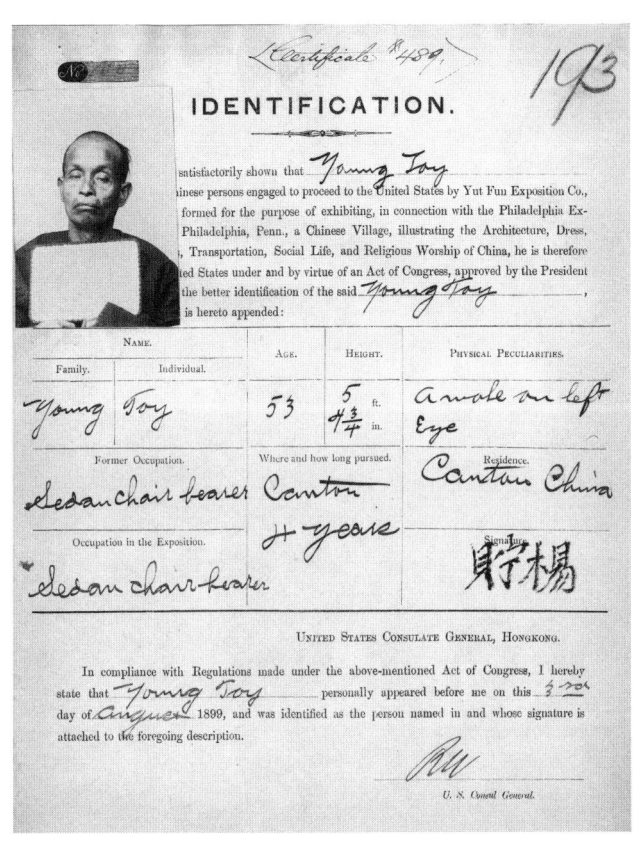

图1 杨贮的证明文件

的（Sedan chair bearer），轿子是 Sedan chair。私家车叫 sedan car，里面也有个 sedan，所以翻译成轿车。杨贮身体特征，左眼有个痣（a mole one left eye），还有一项是在哪里从事这项职业，干了多久，填的是广州，四年。最下面部分是美国驻香港领事馆总领事的说明，说按照国会制定的法规，特此声明，该名中国人于1899年8月3日来到此处，验明确为其人，并签字。最

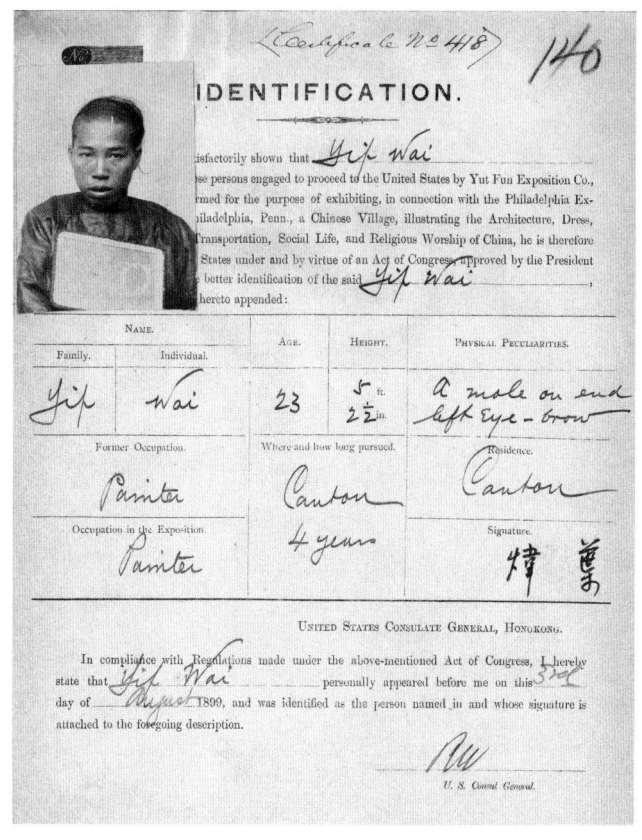

图2　叶炜的证明文件

上面，被照片挡住了一部分的文字，称杨贮持有的是第100号证件，说此人由Yut Fun Exposition Co.，似乎是一个专办展览的公司派遣去美国参加费城展览会（公司叫Yut Fun，是艺方吗？不得而知），会上将有一座中国村，展出中国建筑、服饰、交通、社会生活和宗教崇拜等。按照国会一项法案并由总统批准，他因此前往美国。看来美国方面为他们去美国专门通过了一项法

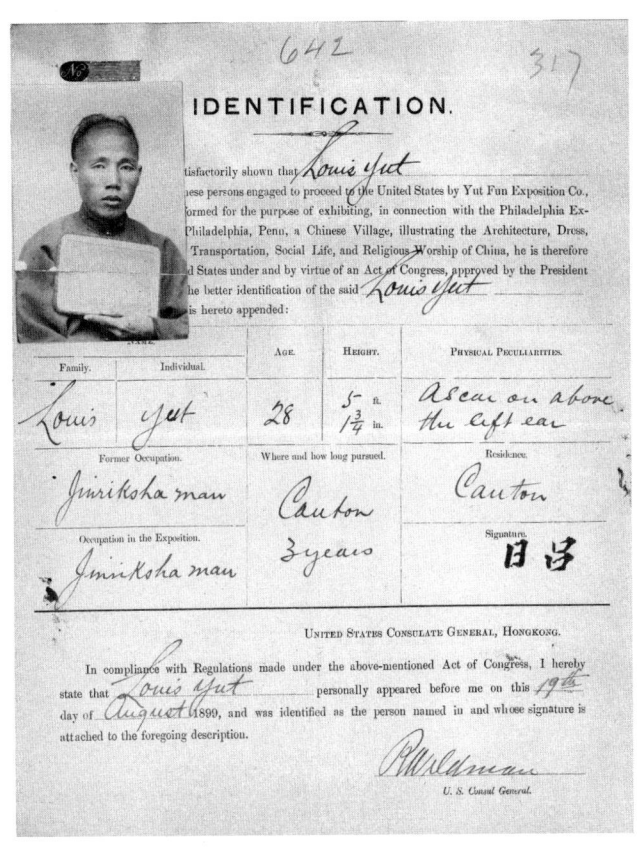

图3 吕日的证明文件

案,可看作排华法案下的特许吧!然后中间手写证件(certificate)号码是489,右边有蓝笔"193"字样。

第二份档案也仅一页,此人也有中文签名:葉煒。证件与杨贮一样,年龄二十三,身高五英尺二又二分之一英寸,一米六的样子,也是广州人,职业是画家(painter),也是在广州从事画家工作有四年了。身体特征也是左眼角上有痣。最左边

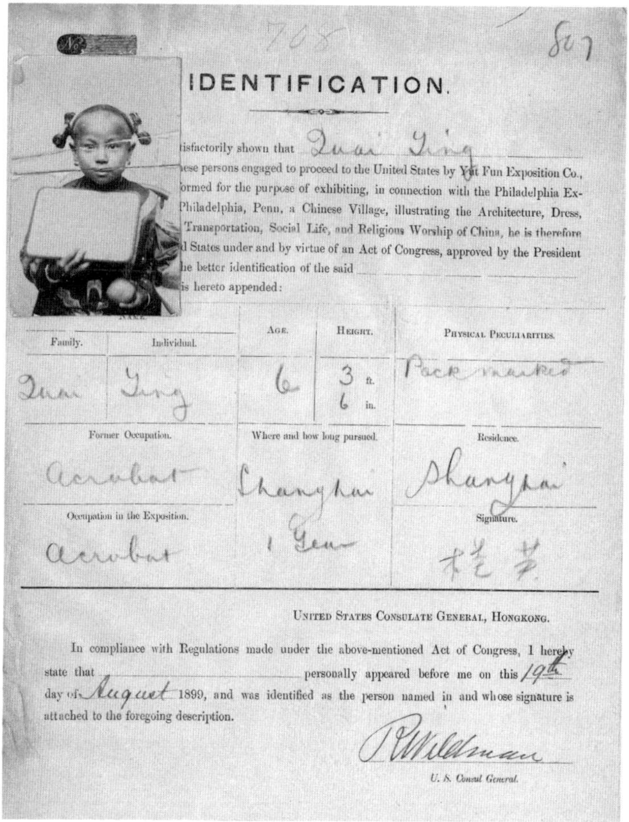

708 807

IDENTIFICATION.

…tisfactorily shown that Quai Ying
…ese persons engaged to proceed to the United States by Yut Fun Exposition Co.,
…formed for the purpose of exhibiting, in connection with the Philadelphia Ex-
…Philadelphia, Penn, a Chinese Village, illustrating the Architecture, Dress,
…Transportation, Social Life, and Religious Worship of China, he is therefore
…d States under and by virtue of an Act of Congress, approved by the President
…he better identification of the said
…is hereto appended:

Family.	Individual.	Age.	Height.	Physical Peculiarities.
Quai	Ying	6	3 ft. 6 in.	Pock marked

Former Occupation.	Where and how long pursued.	Residence.
Acrobat	Shanghai	Shanghai

Occupation in the Exposition.		Signature.
Acrobat	1 Year	桂英

United States Consulate General, Hongkong.

In compliance with Regulations made under the above-mentioned Act of Congress, I hereby state that ______ personally appeared before me on this 19th day of August 1899, and was identified as the person named in and whose signature is attached to the foregoing description.

R. Wildman
U. S. Consul General.

图 4 桂英的证明文件

号码是 20，中间手写的证件号码是 418，右边蓝笔写 140，照片中胸前牌子上写的也是 140。

第三份档案中文签名吕日，英文名 Louis Yut，二十八岁，身高五英尺一又四分之三英寸，一米六不到，职业栏是手写字体，比较难认，Jinriksha man（人力车夫），Jinriksha 是 ricksha 的另一种写法，ricksha 也拼成 rickshaw，就是人力车（ricksha、

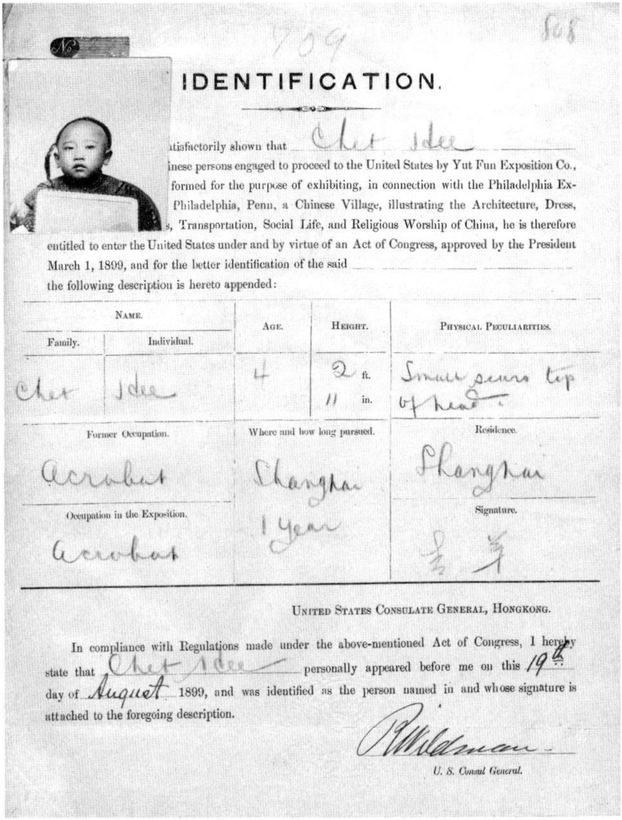

№ 709 508

IDENTIFICATION.

...atisfactorily shown that Chet Idee ...inese persons engaged to proceed to the United States by Yut Fun Exposition Co., formed for the purpose of exhibiting, in connection with the Philadelphia Ex-... Philadelphia, Penn, a Chinese Village, illustrating the Architecture, Dress, ...s, Transportation, Social Life, and Religious Worship of China, he is therefore entitled to enter the United States under and by virtue of an Act of Congress, approved by the President March 1, 1899, and for the better identification of the said the following description is hereto appended:

Name. Family.	Name. Individual.	Age.	Height.	Physical Peculiarities.
Chet	Idee	4	2 ft. 11 in.	Small scars top of head.

Former Occupation.	Where and how long pursued.	Residence.
Acrobat	Shanghai 1 Year	Shanghai
Occupation in the Exposition.		**Signature.**
Acrobat		吉弟

United States Consulate General, Hongkong.

In compliance with Regulations made under the above-mentioned Act of Congress, I hereby state that Chet Idee personally appeared before me on this 19th day of August 1899, and was identified as the person named in and whose signature is attached to the foregoing description.

R Wildman

U. S. Consul General.

图5 吉弟的证明文件

jinriksha，都来自日语）。吕日是拉人力车的，北京叫拉三轮的，“骆驼祥子”的职业，上海叫拉黄包车的。前面说明中提到交通，吕日就是代表交通的。居住地广州，在广州拉车三年，体征，左耳上方有疤。吕日证件号码是224，中间有642，右上角数字是317，照片中隐约可见317，上面写什么看不清。他也是1899年8月19日在香港签证，美国总领事签名也不一样，前面两个都是签了姓名的字母，这里签了姓，Williams？

第四份档案一页，是个女孩，签名为桂英，六岁，身高三英尺六英寸，职业是杂技（Acrobat），居住地是上海，在上海演杂技一年了。身体特征 pockmarked，就是有天花的麻点。也是在香港总领馆办的签证，日期跟前面两个广州的不一样，是8月19日，总领事签字似乎看日子，这天都是写 Williams，证件号码是 270，而右上角有个蓝色手写数字 807，照片中桂英胸前拿一牌子，根据叶炜的照片，上面写的可能也是这个数字，807，但是照片反光，数字看不见，中间 708 应该是证件号码，前面两人也都有此数字。另外，发现前面两人签中文名都是右向左写，桂英却是左向右——不大可能叫英桂吧！另外，桂英两字，与其他英文从笔迹看似乎是同一人写的，桂英六岁，那个年代可能还不会写字。

第五份档案仍然只一页中文签名吉弟，四岁，身高只有二英尺十一英寸，五十厘米左右。职业也是杂技，居住地上海，在上海演杂技一年，他应该跟桂英是一道的，这个证件应该是同一个人填的，中文名也是从左向右写。证件号码 271（桂英是 270），右上角蓝笔写 808，照片上看不到数字，有"Coptic"字样，可能是所乘邮轮的名字（那个年代确有一条邮轮叫"Coptic"），也是 1899 年 8 月 19 日在香港签证，总领事同样的签名。体征：头顶有小疤。

两个孩子挺可爱的，天真烂漫，还没有烙下社会的痕迹。从其他三位成年人脸上，可以多少折射出 19 世纪末中国社会的沧桑，尤其是杨贮，他的发型，特别是眼神，让人感觉这个人经历了很多，叶炜、吕日则显得很纯朴。清末，政府开始有意识地走出去，了解世界，也让世界了解中国。

注：这些图片，可以在美国国家档案馆（National Archives and Records Administration，简称NARA）的官网上查到：Identification Papers of Chinese Exhibitors Appearing at the National Export Exposition of 1899, 1899-1899。网址：https://catalog.archives.gov/id/567447。

流光逝影的震撼

冯克力

本辑刊出了两组"风物"类的图文：一是一百二十余年前的湘南景观，一是半个多世纪前济南的古建筑。前者系由美国著名土木工程师柏生士因测量规划粤汉铁路而拍摄，后者为济南市博物馆工作人员王建浩积年所拍得。这些田园景色和古代建筑，伴随着工业化的进程与社会的演变，如今或已面目迥异，或已不复存世，难怪湘南组照的解读者王平先生发出了"那些宁静而安详的山水与田园，而今安在？"的感喟。而介绍此宗济南古建照片的雍坚先生，则从这些古建筑经"破四旧"洗礼，

"很多寺庙宫观及内部塑像都面目全非,一去不返"的遭遇中,越发肯定"这些影像都堪称绝版",弥足珍贵。

可见,照片带给人们的震撼,与其今昔对比的反差恰成正比。过去的定格,与当下的情形反差越大,其所引发的震撼就越强烈。

这种情况,也可以用来解释人们对自己早年照片的观看。假如一个人在三四岁的时候留影一帧,其后分别于二十岁、五十岁、八十岁三个不同的年龄段翻出来再端详,虽然面对的是同一张照片,但他的感受却是明显不同的。这不同,便是时光推移对生命的改变,使其与那张幼年留影的反差越来越大所致。照片一经产生,它的意味与价值便随着岁月的流逝、社会的演化在不断累积、变换中,无论是风物纪实还是私家留影,都无例外。

美国当代史家,也是一位著名的汉学家柯文(PaulA. Cohen)说过:"有位历史学家说'后来发生之事不可能影响以前发生之事'。历史学家都持这样的观点。但是,已经发生之事的意义在一定程度上取决于将要发生之事的结果,这说明历史学家的观点有误。"柯文所说的那位历史学家,便是英国的卡尔,语见他的《历史是什么》。历史学家的观点有没有误,在此不便贸然附和柯文的论断,但就影像而言,说已经产生之照片的意味与价值"在一定程度上取决于将要发生之事的结果",却不无道理。

不然的话,怎么会有那么多过去觉得很寻常的照片(或影像),一旦揆诸当下,便让人惊愕不已、五味杂陈呢?